轮滑

全民健身项目指导用书

高菘　陈兆陨◎主编

吉林出版集团股份有限公司　全国百佳图书出版单位

图书在版编目（CIP）数据

轮滑 / 高菘, 陈兆陨主编. -- 2 版. -- 长春：吉
林出版集团股份有限公司, 2010.2（2024.8重印）
全民健身项目指导用书
ISBN 978-7-5463-2321-3

Ⅰ. ①轮… Ⅱ. ①高… ②陈… Ⅲ. ①滑轮滑冰 – 基
本知识 Ⅳ. ①G862.8

中国版本图书馆 CIP 数据核字(2010)第 028323 号

全民健身项目指导用书

轮　滑
LUNHUA

主　　编　高　菘　陈兆陨
责任编辑　黄　群　杜　琳
封面设计　吕宜昌
开　　本　650mm × 960mm　　1/16
印　　张　8
字　　数　30 千
版　　次　2010 年 2 月第 2 版
印　　次　2024 年 8 月第 4 次印刷

出版发行　吉林出版集团股份有限公司
地　　址　吉林省长春市福祉大路 5788 号
邮　　编　130000
电　　话　0431-81629968
电子邮箱　11915286@qq.com
印　　刷　三河市金兆印刷装订有限公司
书　　号　ISBN 978-7-5463-2321-3　　定　　价　39.80 元

序言

　　自 1995 年我国政府推出《全民健身计划纲要》以来，我国群众性体育活动蓬勃发展，取得了显著的成绩。2008 年，举世瞩目的北京奥运会的成功举办，极大地激发了亿万人民群众的体育热情，增强了全社会的体育意识，营造了浓厚的全民健身氛围。面对这样的可喜局面，群众体育科研、教学工作者应义不容辞地为社会实践服务，从不同角度思考，如何使普通百姓通过简而易行的身体锻炼方式、方法和手段达到良好的健身效果，达到拥有健康的目标，从而享受生活、享受快乐人生。该书系就是在这样的思想指导下诞生的。

　　本书系能够顺应国家体育的大政方针，掌握时代脉搏，对指导大众健身，使大众掌握健身方法和手段有很好的促进作用。

　　本书系图文并茂，实用性强，分为球类运动、体操健身运动、传统武术、冰雪运动、水上运动、体育舞蹈、休闲运动、格斗运动、民间体育活动和极限运动等十大类项目，计 100 分册，按照统一的体例，力争有所创新。每册的具体内容为该项目的起源与发展、运动保健、基本技术、运动技巧、比赛规则等，使读者在学习过程中，不仅能够学会运动健身的方法，同时还能够学到保健方面的基本知识。

　　经国务院批准，自 2009 年起，将每年的 8 月 8 日定为"全民健身日"。《全民健身项目指导用书》的出版，必将为开展全民健身活动起到积极的推动和指导作用。

目录 CONTENTS

第一章 概述

第二章 运动保健

目录 CONTENTS

第一章　概述

　　轮滑运动是一项历史悠久、开展广泛的运动项目，包括速度轮滑、花样轮滑和轮滑球，以及单排轮滑和双排轮滑等。轮滑运动不仅能锻炼身体、增强体质、消除疲劳，还能调节精神，在世界各地有着广泛的群众基础和深厚的文化内容，深受世界各国人民的喜爱。

第一节

起源与发展

轮滑俗称"滑旱冰",也叫"滚轴溜冰""溜旱冰",它是滑冰在陆上辅助训练过程中逐渐演变形成的运动项目。同滑冰相比,它更刺激、惊险和时髦,而且四季皆宜。现在,轮滑已成为广大青少年喜爱的娱乐休闲运动。

 起源 ◆◆◆◆◆◆◆

轮滑运动最早的起源可以追溯到公元 18 世纪,一位不知名的荷兰人最先发明了滚轴滑冰。

18 世纪初,一位荷兰滑冰运动员为了在不结冰的季节练习滑冰技术,尝试把木线轴安在皮鞋下,试图在平坦的地面上滑行,他的试验在不断失败和改进后终于取得成功,创造了用轮子鞋"滑冰"的历史。

1818 年,最早的滚轴滑冰鞋诞生于德国柏林,很快法国巴黎的大街上也出现了滚轴滑冰鞋。那个时期,轮滑鞋还只能直行不能转弯,也没有制动装置。

1863 年,美国人詹姆士·普利普顿发明了一种有转向和制动装置的鞋,带来了轮滑运动的一场革命,同时也带来了最早的轮滑运动热潮。

1884 年,美国人理查森和雷蒙德发明了滚珠轴承,这不仅对改进滚轴滑冰运动的技术起到了极大的推动作用,还使滚轴滑冰运动迅速传到欧洲各国。

 发展 ◆◆◆◆◆◆◆

20 世纪初,轮滑运动在美国和欧洲得到了广泛开展,世界性轮滑机构的设立以及各项赛事的发展,进一步推动了轮滑运动的普及。

1908 年在英国建成了最大的轮滑场。

1924 年 4 月 21 日,德国、法国、英国和瑞士四国的代表相约在瑞士的蒙特勒市,成立了世界上最早的"国际滚轮滑冰联合会"。

1937 年在美国制定了第一个速度轮滑比赛规则。同年,在意大利蒙扎正式举办了首届世界速度轮滑锦标赛,在德国慕尼黑举办了第 1 届欧洲花样轮滑锦标赛。

1942 年,首届世界花样轮滑和花样舞蹈锦标赛在美国华盛顿举行。

1939 年制定了花样轮滑规则,从此,轮滑运动在世界各国得到迅猛的发展,并真正走上轮滑竞赛的道路。

随着科学技术的迅速发展,现代轮滑运动也开始向速度更快、难度更高的方向发展。

 机构与赛事

机构

国际轮滑联合会(FIRS)成立于 1924 年,现有协会会员 98 个,分属于国际轮滑联合会承认的非洲、亚洲、欧洲、大洋洲和泛美地区轮滑联合会。

1980 年 9 月,中国轮滑协会加入国际轮滑联合会。

赛事

(1)世界速度轮滑锦标赛,每 2 年一届;

(2)世界花样轮滑锦标赛,每 2 年一届;

(3)世界轮滑球锦标赛,每 2 年一届;

(4)亚洲轮滑锦标赛,每 2 年一届。

 发展趋势

国内趋势

轮滑作为一种娱乐项目在 19 世纪末传入我国,而作为一种体育项目来发展还是在 20 世纪 80 年代初。

轮滑运动是一项集健身、竞技、娱乐、技巧、休闲、惊险于一体的体育运动项目，能够全面协调和综合发展人体的速度、力量、耐力、灵敏等各方面素质，特别是对青少年的身心发展具有积极作用，因此深受青少年的喜爱。

国外趋势

由于轮滑运动不受气候和条件的限制，因此作为一项休闲健身运动在世界各地得到迅速普及。目前，美国、意大利、德国和阿根廷等国的轮滑运动水平，均处在世界领先地位。轮滑运动在亚洲的开展，基本属于业余活动。目前亚洲各项轮滑运动与世界水平相比还有一定的差距。

第二节

场地、器材和装备

当我们开始进行轮滑运动锻炼之前，首先要对这项运动的场地、器材以及装备加以了解。对此，本节将一一介绍。

场地

轮滑运动具有惊险性，因此场地的安全问题显得尤为重要。轮滑的场地包括室内轮滑场地和室外轮滑场地，其中比赛场地可分为场地跑道和公路跑道。

场地跑道

规格

标准的场地跑道为长 200 米，宽 6 米以上，也可根据具体情况而定，但长度最短应不少于 125 米，最长不超过 400 米，宽度应不少于 5 米。

设施

场地跑道是设在露天的或有覆盖设施的有路线跑道，跑道外缘应设有保护垫等设施。

要求

(1)场地跑道应由两条长度相等的直线跑道段和两个对称的具有相同直径的弯道相连接组成；

(2)地面必须平坦，有一定的光滑度，但又不致使人摔倒；

(3)场地弯道可有一定的倾斜度，倾斜的部分要从内侧边缘逐渐均匀平稳地升高，直到外侧边缘；

(4)直线跑道与弯道倾斜跑道相衔接，可以有向内倾斜的衔接部分，但直线跑道的平坦部分不应少于跑道总长的33%；

(5)跑道终点要用宽5厘米的白色线标出，应一直标到跑道外侧边线，终点线一般设在直道中线前10米处。

公路跑道

规格

1.开放式比赛路线

终点和起点不衔接。

2.封闭式比赛路线

(1)终点和起点衔接，它由两条非对称路线组成；

(2)路线最短不少于250米，最长不超过1000米，宽度不少于6米。

要求

(1)路面应光滑平坦，没有断裂，路面不平坦部分不应超过其宽度的5%；

(2)公路跑道斜坡部分不得超过5%，在特殊情况下，倾斜部分也不得超过全部路线的25%；

(3)终点线与起点线均应用5厘米宽的白色线标出；

(4)起、终点线一般不设在弯道处(特殊情况除外)，起点线应设在距离

弯道 50 米以外的地方，终点线应设在距最后一个弯道的直弯道分界线前 50 米处；

（5）每条比赛路线在弯道处应有明显的界线或有可移动的标志，注意这些标志不能放在内侧，以免运动员发生危险。

器材

轮滑鞋是轮滑运动的主要器材，可分为单排轮轮滑鞋和双排轮轮滑鞋两种。

单排轮轮滑鞋

材质

单排轮轮滑鞋多由塑料外壳、内衬海绵袜构成，也有用皮革或尼龙面料制成的，穿起来轻巧舒适。

构造

（1）鞋的下部由底板、夹轮板、轴承和制动器组成；

（2）底板和夹轮板是用塑料合压而成，或用质轻、坚固的铝合金等材料制成；

（3）夹轮板由两片长条形的板组成，板上有若干个眼，用于穿轮轴、固定轮子，其长度可装 6 个轮子；

（4）轮子由橡胶、合成塑料、聚氨酯等材料制成，形状薄于双排轮的轮子，边缘呈圆形；

（5）一般使用优质的耐磨、耐热、滑动性能较好的密闭式轴承；

（6）制动器由橡胶或合成塑料制成，多安装在鞋架的尾部。

双排轮轮滑鞋

类型

1.速度轮滑鞋

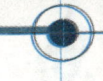

速度轮滑鞋的鞋靴较矮，近似一般的运动鞋，鞋帮的下半部分较硬，便于脚在鞋内用力。

2.花样轮滑鞋

花样轮滑鞋高靴、高跟，鞋前部有鞋眼，鞋靴上有鞋钩，便于穿脱和系紧鞋。

3.轮滑球鞋

轮滑球鞋的鞋靴高度以护住踝关节为准，高度介于速度轮滑鞋和花样轮滑鞋之间，鞋头和鞋靴较硬，以防止轮滑球的冲击所造成的脚部伤害。

 构造

(1)双排轮轮滑鞋的鞋面多用皮革制成；

(2)鞋的下部由底板、马脚、轴承、轮子和制动器组成；

(3)底板用轻便、坚固的铝合金等材料制成；

(4)马脚由铝合金架和橡胶垫组成，马脚上边由螺丝钉与底板固定，下边由横轴固定轮子；

(5)轮滑鞋的轮子由橡胶、塑料、合成塑料和合成聚氨酯制成；

(6)轮滑鞋的轴承要求滑度高、噪声小、耐磨、耐热。

装备 ◆◆◆◆◆◆◆◆◆◆◆

轮滑运动除需穿着轮滑服外，还必须佩戴护套与头盔等护具，以免在运动中发生意外，导致身体损伤。

 轮滑服

在春、夏、秋三季比赛时，运动员上身穿短袖衫，下身穿短裤，冬季穿相对宽松的衣裤。

 护具

护具包括头盔、护手和护肘等。

戴头盔时，应分清前后，头盔必须系紧，以防倒地时头盔脱落。

在进行轮滑比赛或练习时，要佩戴护手，以防擦伤和骨折。

腕用护套又称手掌护套，主要为防止手触地时，手与手腕受伤。

肘用护套是用来保护肘部的护套，护套套入手臂后，应移至肘的中央部分，用尼龙带扣粘好。

膝用护套是用来保护膝盖的护套，佩戴时由脚自下而上套牢，系紧。

第二章　运动保健

　　体育运动对增强体质、预防疾病和促进健康具有良好的作用。但是,并非所有人从事相同的运动都会达到同样的效果。对于同一种运动负荷,不同人机体的反应差异是很大的,即使同一个体,在不同时期、不同机能状态下,对同一负荷的反应及效果也是不一样的。因此,对于不同个体,应制定适合其机能需要的运动强度、时间、频率和持续周期。从事体育锻炼一定要讲究科学性,使机体最大限度地获得运动价值,使某些疾病得到有效的防治。

第一节

自我身体评价

自我身体评价是指根据个体的不同情况以及简单的功能评定标准，对锻炼者进行身体评价，并以此为依据，确定具体的锻炼内容。

 适宜人群 ◆◆◆◆◆◆◆

体适能是全身适应性的一部分，是人体精神和体力对现代生活的适应能力。为了促进健康，预防疾病，提高生活质量和工作学习效率，几乎所有人都可以追求健康的体适能，而且经过简单的评价和测试，均可以成为目标人群，即适宜人群。

 健康体适能评价标准

健康体适能是指身体有足够的活力和精力处理日常事务，而不会感到过度疲劳，并且还有足够的精力去享受休闲活动和应对突发事件。

健康体适能是确定锻炼者是否为运动适宜人群的主要依据。目前的评价标准主要包括国民体质测定标准、学生体质测定标准和普通人群体育锻炼标准等。

国民体质测定标准主要包括形态指标、机能指标和素质指标 3 个部分，各项指标的测定结果均为 1～5 分，共 5 个级别。凡各项指标达不到 4 分或5 分者，均应被纳入健身人群。

学生体质测定标准分为优秀、良好、及格和不及格 4 个级别。优秀水平以下者，均应被纳入健身人群。

普通人群体育锻炼标准分为 5 个级别，凡达不到 4 分或 5 分者，均应被纳入健身人群。

简易运动功能评定

简易运动功能评定的目的在于确定运动对象有无运动禁忌症或临时运动禁忌的情况，即是否适合参加体育锻炼，以达到防备万一，避免意外事故发生的目的。目前通行的方式是3分钟踏台阶测试。

目的

测试锻炼者运动后心率恢复的情况，以评估其心肺功能。

器材　见图 2-1-1

30厘米高的长凳、节拍器、秒表和时钟。

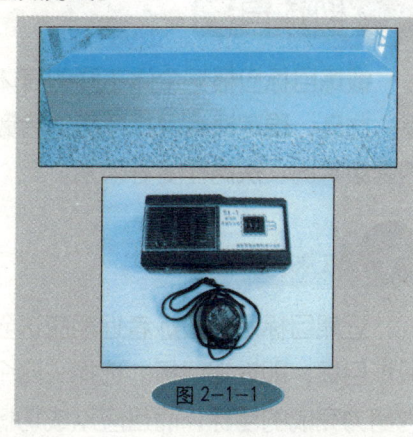

图 2-1-1

步骤　见表 2-1-1

(1)节拍器设定为每分钟96次，锻炼者依"上上下下"的节拍运动3分钟。

(2)锻炼者完成3分钟踏台阶后，5秒钟内开始测量其脉搏，时间为1分钟，记录其心率，并依据下表评价其功能水平。

(3)运动后心率越低，证明其心肺功能越好。在运动强度允许的范围内，锻炼者可选择运动强度的较高值来进行运动。

表 2-1-1　3分钟台阶测试评价表

	年龄(岁)	欠佳(次)	尚可(次)	一般(次)	良好(次)	优异(次)
男士	18~25	>115	105~114	98~104	89~97	<88
	26~35	>117	107~116	98~106	89~97	<88
	36~45	>119	112~118	103~111	95~102	<94
	46~55	>122	116~121	104~115	97~103	<96
	56~65	>119	112~118	102~111	98~101	<97
	65+	>120	114~119	103~113	96~102	<95
女士	18~25	>125	117~124	107~116	98~106	<97
	26~35	>128	119~127	111~118	98~110	<97
	36~45	>128	118~127	110~117	102~109	<101
	46~55	>127	121~126	114~120	103~113	<102
	56~65	>128	118~127	112~117	104~111	<103
	65+	>128	122~127	115~121	101~114	<100

自我身体评价

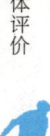

❋ 注意事项

如受试者经过努力仍无法完成测试，或出现头晕、胸闷、出冷汗等症状，应终止测试。运动中应特别考虑运动强度，以防出现意外。

锻炼目标

锻炼目标应根据个体不同的身体状况来确定，可分为近期目标和远期目标。此外，确定锻炼目标还应结合锻炼者的运动意向、愿望和兴趣以及本人的健康状况、疾病程度等因素。

▼ 近期目标

近期目标是指锻炼者近期应达到的目标。在进行运动之前，应首先明确锻炼目标，即近期目标。选择一两个健康体适能构成要素，作为未来两个月内努力完成的目标，而且应从成功概率较高的构成要素开始，并将预期两个月后要达到的目标做上记号，如提高某个或某些关节的活动幅度，增强某个肌肉群的力量等。

▼ 远期目标

远期目标是指锻炼者最终要达到的目标。实践证明，经过科学合理的锻炼后，锻炼者是可以达到一般的远期目标的，如提高心肺功能，使其达到优秀的等级，或达到降血脂、防治高血压和冠心病的目的等。

运动负荷

运动负荷即运动量。怎样控制运动量，合适的运动时间是多少等，一直是人们争论不休的问题。但有一点是可以肯定的，那就是任何有关身体活动的意见和建议，都需要综合考虑锻炼者的身体状况和所要达到的目标，并以此为依据来制订科学的身体锻炼计划。

 运动强度

运动过程中，运动强度过小，达不到锻炼的效果；运动强度过大，不仅达不到最佳的锻炼效果，还可能产生一些副作用，甚至出现意外事故。确定运动强度有两种方法。

心率简易推测法

(1)年龄在 20 岁左右的年轻人，身体健康，能坚持体育锻炼，欲进一步提高身体机能，可取最大心率值（最大心率值＝220－年龄）的 65％～85％。

(2)年龄在 45 岁以下，身体基本健康，有运动习惯者，开始进行健身锻炼，可取最大心率值的 65％～80％，没有运动习惯者，开始进行健身锻炼，可取最大心率值的 60％～75％。

(3)年龄在 45 岁以上，身体基本健康，有运动习惯者，开始进行健身锻炼，可取最大心率值的 60％～75％，没有运动习惯者，建议根据自身情况咨询专业人员来指导和确定运动强度。

主观感觉疲劳分级表推测法 见表 2-1-2

运动的疲劳程度大致分为 10 级，具体为：0～1 级，没感觉；2～3 级，尚轻松；4～5 级，稍累；6～7 级，累；8～9 级，很累；10 级，精疲力竭。因此，健身锻炼的运动强度应控制在主观感觉疲劳程度的 4～7 级。

 表 2-1-2　主观感觉疲劳分级表

0 轻松	·	2 尚轻松	·	4 稍累	·	6 累	·	8 很累	·	10 精疲力竭

自我身体评价

 运动频率

运动频率是指每日及每周锻炼的次数。一般每周锻炼 3～4 次，即隔日锻炼 1 次即可。有充足的休息时间，可使身体得到充分的休息，收到更好的锻炼效果。

 **运动持续时间**

运动保健

运动强度和运动持续时间，决定了一次锻炼的运动量和热量消耗。运动持续时间与运动强度成反比，运动强度大，运动持续时间可相应缩短，运动强度小，则运动持续时间应相应延长。

一般的健身锻炼，运动持续时间以每天 20～60 分钟为宜，其中包括准备活动时间、健身锻炼时间和整理活动时间。每次健身锻炼应在 20 分钟以上，锻炼可一次性完成，也可分段进行，但每段的活动时间应在 10 分钟以上。

第二节
运动价值

运动价值一直是人们探讨的问题，一般认为运动具有两方面的价值，即健身价值和心理价值。身体和精神的健康是相互依存的，伴随着身体功能的改善，精神状况逐渐也能同时得到改善。

 **健身价值** ◆◆◆◆◆◆◆

健身价值在于提高体适能。体适能包括心肺耐力素质、肌肉力量素质、柔韧性素质和身体成分等。体适能的发展是积极从事锻炼的结果，只有规律性的体育锻炼才能达到最佳的体适能。

提高心肺耐力素质

心肺耐力是指全身肌肉进行长时间运动的持久能力，是体内心肺系统对身体各细胞的供氧能力。人体的心脏、肺、血管、血液等组织的功能是心肺耐力的基础，它们与氧气和营养物质的输送以及代谢物的清除有关。健全的心肺功能是健康的基本保证。

系统的体育锻炼，可以使心肌增厚，收缩力加强，心室容积增大，从而使心脏的泵血功能增强，表现为心血输出量增加。

系统的体育锻炼，呼吸系统机能也将得到提高，表现为呼吸肌的力量增强，肺活量、肺通气量明显增加，保证对机体供氧的能力。

系统的体育锻炼，可以促进血管系统的形态、机能和调节能力产生良好的适应力，从而提高机体的工作能力。

系统的体育锻炼，可以使血液系统产生某些适应性变化，如血容量增加、血黏度下降、红细胞膜弹性增强和红细胞变形能力增强等。

 ## 提高肌肉力量素质

肌肉力量是指肌肉最大收缩产生的对抗阻力或负荷的能力。肌肉力量只有达到一定的程度，才能克服外界阻力，而克服外界阻力是维持日常生活自理、从事各种劳动和运动的必要前提。

系统的体育锻炼，可以提高肌肉的生理横断面积，可以改善神经系统对肌肉收缩的支配功能，还可以提高肌肉内代谢物质的储备量，使肌肉力量得到提高。

 ## 提高柔韧性素质

柔韧性是指人体各关节的活动幅度，即关节的肌肉、肌腱和韧带等软组织的伸展能力。柔韧性对于保证正常生活质量、维持正常体态、预防损伤发生和减轻损伤程度等方面均起到至关重要的作用。

系统的体育锻炼，还可以延缓因年龄因素而导致的柔韧性下降，预防因缺乏运动而导致的关节结构、周围软组织和膝关节肌肉退化，从而使锻炼者

的日常生活、劳动和运动等更加充满活力。

改善身体成分

身体成分是指人体体重中的脂肪组织和去脂组织的重量百分比。身体成分中的脂肪成分增加，肌肉成分必然下降。身体中不具备收缩功能的脂肪组织增加，必然导致身体进行各种活动的能力下降，基础代谢水平降低，肥胖症、冠心病、高血压、糖尿病、高血脂等慢性疾病发病率的提高。因此，身体成分是保证人体健康的重要内容之一。

通过系统的体育锻炼，随着锻炼者体质的增强，热量消耗便随之增加，进而燃烧掉体内多余的脂肪，使身体成分得到改善。而身体成分的改善，又可以减少体重对关节可能带来的不利影响，还可以使肥胖者的心理状况得到改善，增强其自信心，使其逐步建立起健康的生活方式。

研究证明，有规律的体育锻炼不但可以使锻炼者增强体质、促进身体健康、预防一些慢性疾病，还可以提高锻炼者的生活满意度和生活质量，对其心理健康产生积极影响。

体育锻炼的心理健康效应主要表现在六个方面：

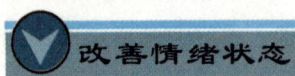

改善情绪状态

❀ 短期效应

研究发现，体育锻炼对人的情绪状态具有显著的短期效应。运动后人们的焦虑、抑郁、紧张和心理紊乱等症状会明显减轻，而精力和愉快程度则会明显增强。而且这种情绪的迅速变化，与锻炼者个体的健康状况、活动形式和活动强度等有着直接的联系。

❀ 长期效应

体育锻炼对人情绪的长期效应有着直接的影响，与不锻炼者相比，有规律的锻炼者在较长时期内很少会产生焦虑、抑郁、紧张和心理紊乱等情绪。

完善个性行为特征 见表 2-2-1

　　人们的行为特征一般可以分为两种类型，用 A 型行为特征和 B 型行为特征来表示。A 型行为特征主要表现为性情急躁、争强好胜、容易激动、整天忙碌和做事效率高等。B 型行为特征主要表现为不好竞争、不易紧张、不赶时间、对人随和、喜欢自由自在等。具有 A 型行为特征的人由于过度紧张的情绪反应，会引起内分泌失调，增加心脏病发病的概率。目前的一些研究主要集中在体育锻炼对改变 A 型行为特征的作用方面。研究结果表明，有规律的体育锻炼能明显改变 A 型行为特征。

 表 2-2-1　A、B 型个性行为特征常见表现

A 型行为特征者常见表现	B 型行为特征者常见表现
约会从来不迟到	对约会很随便
竞争意识很强	竞争意识不强
别人要讲话时总爱抢先或插话	是别人讲话时很好的听众
总是匆匆忙忙	即使有压力也从不匆忙
等待时缺乏耐心	能够耐心等待
干事时全力以赴	处事漫不经心
同时想干很多事	在一段时间里只干一件事情
讲话喜欢用加强语气，甚至敲桌子	讲话语速缓慢，不慌不忙
做了好事希望能得到别人的认可	只要自己满意即可，不管别人怎样想
吃饭、走路都很快	做事情很慢
不善与人相处	为人随和
容易暴露自己的感情	能控制自己的感情
具有广泛的兴趣	没什么业余爱好
雄心壮志	满足于目前的工作和学习状况

 确立良好自我概念

　　自我概念是指个体对自己身体、思想和情感的主观整体评价，它由许多自我认识组成，包括我是什么人、我主张什么和我喜欢什么等。

　　坚持体育锻炼，可以使锻炼者体格强健、精力充沛、提高驾驭身体的能力，从而改善对自身的满意程度，确立良好的自我概念。

运动价值

 改变睡眠模式

根据脑电图的显示，人的睡眠可以分为两种状态，即慢波睡眠状态和快波睡眠状态。前者为浅度睡眠状态，后者为深度睡眠状态。一夜之间两种睡眠状态会交替发生 4～5 次。

有规律的体育锻炼不仅对慢波睡眠有促进作用，而且能缩短入眠的潜伏期，并延长睡眠的时间。

 改善认知能力

体育锻炼还能改善人的认知过程，避免反应时间过长、注意力不集中和思维混乱等症状的发生，尤其对老年人的认知能力改善效果更为明显。

 增加心理治疗效应

体育锻炼被公认为是一种心理治疗的好方法。目前人群中常见的心理疾患是抑郁症和焦虑症。研究发现，体育锻炼是治疗抑郁症的有效手段之一，抑郁症患者经过有规律的体育锻炼，抑郁症状能明显减轻。

体育锻炼还具有治疗焦虑症的作用，通过有规律的体育锻炼，可以使锻炼者的焦虑症状明显改善。

第三节

运动保护

在运动过程中，人体机能会随时发生变化。因此，应针对这种机能变化的特点来进行体育锻炼，也就是我们所说的运动保护。运动保护一般包括运动前准备、运动后放松和自我养护三个方面。

 运动前准备

准备活动是指在正式运动之前进行的有目的的身体练习。做好充分的

准备活动，可以缩短机体进入最佳状态的时间，同时还可以预防运动损伤的发生，为机体发挥最大的工作效率做好功能上的准备。

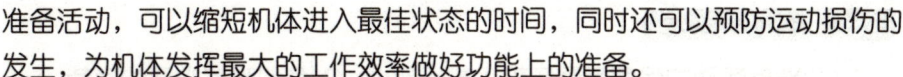 准备活动的作用

提高中枢神经系统兴奋状态

(1)使大脑反应速度加快，参加活动的运动中枢神经相互协调。

(2)为正式运动时生理机能达到适宜程度提前做好准备。

提高机体代谢水平

(1)准备活动可以使锻炼者体温升高，降低肌肉黏滞性，使肌肉的伸展性、柔韧性和弹性增强，从而有效预防运动损伤的发生。

(2)准备活动可以增强体内代谢酶的活性，使物质代谢水平提高，以保证运动时有较充分的能量供应。

克服内脏器官生理惰性

(1)准备活动可以提高心血管系统和呼吸系统的机能水平，使肺通气量及心血输出量增加。

(2)可以使心肌和骨骼肌的毛细血管扩张，使其工作肌获得更多的氧，从而克服内脏器官的生理惰性，使之尽快达到最佳状态。

增加皮肤毛细血管的血流量

准备活动可以使皮肤毛细血管的血流量增加，运动后毛细血管扩张，有利于散热，降低体温，有效防止开始正式活动时由于体温过高而影响运动能力。

 准备活动要求

准备活动时间

(1)准备活动的时间可以根据运动项目的具体情况确定，一般以10～30分钟为宜。

(2)准备活动与正式运动的间隔时间，一般以不超过15分钟为宜，可以在做完准备活动后立刻进行正式运动。

(1)准备活动的强度和量应较正式运动小，以免引起不必要的疲劳。

(2)准备活动的量可以由心率来决定，心率以100~120次／分为宜。

准备活动内容

一般性准备活动

一般性准备活动的内容多以伸展运动开始，然后进行一般性的跑步、徒手体操等活动。

下面介绍一套常用的一般性准备活动操，供锻炼者运动前使用。这套活动操主要包括头部运动、肩部运动、扩胸运动、体侧运动、体转运动、髋部运动和踢腿运动等。

头部运动

头部运动的动作方法（见图 2-3-1）：两手叉腰，两脚左右开立，做头部向前、向后、向左、向右，以及绕环运动。

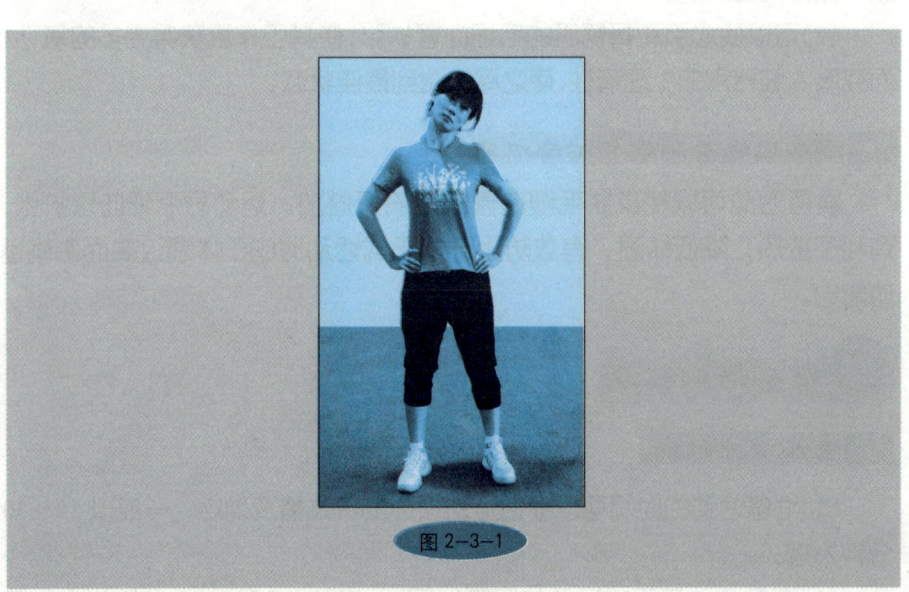

图 2-3-1

肩部运动

肩部运动的动作方法（见图 2-3-2）：手扶肩部，屈臂向前、向后绕环，以及直臂绕环。

扩胸运动

扩胸运动的动作方法（见图 2-3-3）：屈臂向后振动及直臂向后振动。

体侧运动

体侧运动的动作方法（见图 2-3-4）：两脚左右开立，一手叉腰，另一臂上举，并随上体向对侧振动。

体转运动

体转运动的动作方法（见图 2-3-5）：两脚左右开立，两臂体前屈，身体向左、向右有节奏地扭转。

髋部运动

髋部运动的动作方法（见图 2-3-6）：两脚左右开立，两手叉腰，髋关节放松，向左、向右 360 度旋转。

图 2-3-2

图 2-3-3

踢腿运动

踢腿运动的动作方法（见图 2-3-7）：两臂上举后振，同时一腿向后半步，重心置于前腿，两臂下摆后振，同时向前上方踢腿。

图 2-3-4

图 2-3-5

图 2-3-6

图 2-3-7

专门性准备活动

专门性准备活动的动作方法、节奏和强度等与正式锻炼相似，目的是使人体主要肌群在运动前得到动员，为正式锻炼做好准备。

运动后放松

运动后放松是指运动之后所进行的一些能够加速机体功能恢复的、较轻松的身体活动。与运动前准备活动相反，其目的是使锻炼者的生理机能水平逐步得到恢复。

运动保护

放松方法

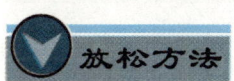

运动性手段

(1)运动结束后，锻炼者可采用变换运动部位的方法来消除疲劳，如上肢出现疲劳时可做一些慢跑运动，下肢出现疲劳时可做一些上肢运动。

(2)转换运动类型也是一种不错的放松方法，如打羽毛球出现疲劳时，可从事瑜伽运动来达到放松的目的。

(3)还可以用调整运动强度的方法来缓解疲劳，如可以在放松过程中，采用小强度的轻微运动方法等。

整理活动 见图 2-3-8

(1)整理活动是指运动后所做的一些能够加速机体功能恢复的身体活动，如剧烈运动后进行 3~5 分钟慢跑或其他整理活动，使身体机能得以恢复。

(2)剧烈运动后如不做整理活动而骤然停止动作，会影响氧气的补充和静脉血的回流，使机体血压降低，引起不良反应。

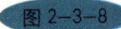

图 2-3-8

注意事项

（1）在进行整理活动时动作应缓慢、放松，运动量不要过大，否则会引起新的疲劳。

（2）在进行整理活动时，应当保持心情舒畅、精神愉快。

自我养护

锻炼后，锻炼者感觉身体疲劳是一种正常的生理现象，是体育锻炼过程中的正常反应，随着体育锻炼时间的延长，疲劳症状会自然消失。运动性疲劳出现后，锻炼者如果采用一些自我养护措施，可以加速身体机能的恢复，尽快消除疲劳，提高锻炼效果。常见的自我养护方法主要包括运动后休息、合理营养和物理手段等三种。

运动后休息

 静止性休息　见图 2-3-9

（1）静止性休息是指锻炼者运动后保持机体相对的静止状态，以促进身体机能的恢复，尽快消除疲劳。

（2）静止性休息的最佳方式之一是睡眠，特别是刚开始从事锻炼者，身体不适应或疲劳症状明显时，更应该保证足够的睡眠，否则，锻炼者虽然积极参加了体育锻炼，但收效甚微，甚至会导致过度疲劳症状的发生。

（3）静止性休息更适合于消除全身运动导致的整体疲劳症状。

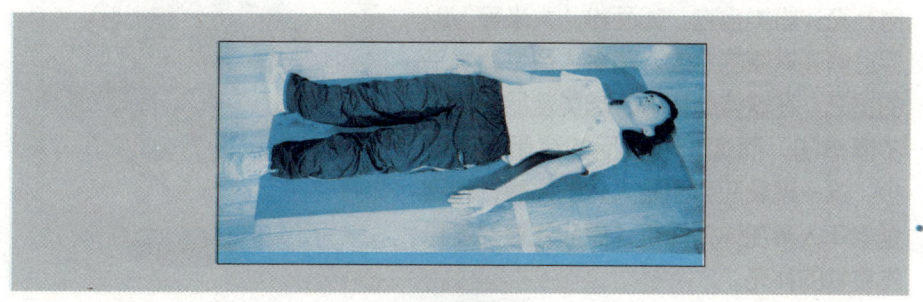

图 2-3-9

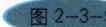 **积极性休息** 见图 2-3-10

（1）积极性休息更适合由于少量肌肉群参与工作而导致的局部疲劳，或运动强度较大而导致的快速疲劳。

（2）积极性休息可以加速血液循环，有利于代谢物排出体外，对促进身体机能的恢复具有明显的效果。

图 2-3-10

合理营养 见图 2-3-11

小强度、长时间的运动形式，主要是靠糖原的有氧代谢提供能量。运动后应及时补充淀粉类食物，如面粉、大米等，以促进消耗糖原的合成。随着人民生活水平的提高，在饮食结构中，肉类食品的比重不断增加，而淀粉类食品的比重逐渐减少，这一现象应当引起人们的注意，特别是老年人参加体育锻炼，更应注意对淀粉类食物的补充。

图 2-3-11

强度较大、时间又相对较长的运动形式，主要是靠糖原的无氧代谢提供能量。这样，糖原无氧代谢产物——乳酸便会在体内大量堆积。因此，运动后应多补充蔬菜、水果等碱性食品，以加速乳酸的清除，达到尽快消除疲劳的目的。

物理手段

按摩及牵拉 见图 2-3-12

（1）通过刺激神经末梢、皮肤结缔组织和毛细血管的按摩方法，可以使紧张的肌肉得以放松，从而改善局部组织和全身的血液循环，达到促进身体机能恢复的目的，这种方法可以在锻炼后马上进行。

（2）此外，还可以采取缓慢牵拉肌肉的方法，使收缩的肌肉得到充分的伸展放松。

水疗及电疗

（1）水疗包括芬兰式蒸汽浴、热水浴和桑拿浴等多种形式，主要作用是通过提高体温，促进血液循环，清除代谢物，以达到尽快消除疲劳、恢复体力的目的。

（2）水疗的时间一般以不超过 30 分钟为宜，如果时间过长，会进一步消耗体力，严重时甚至会出现暂时性脑缺血现象。

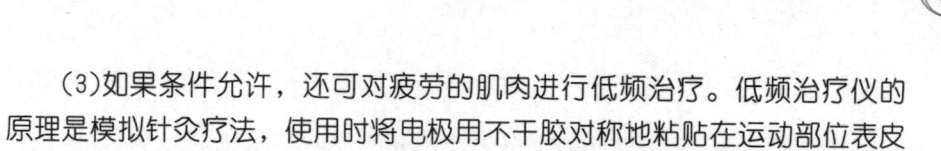

（3）如果条件允许，还可对疲劳的肌肉进行低频治疗。低频治疗仪的原理是模拟针灸疗法，使用时将电极用不干胶对称地粘贴在运动部位表皮上。这种疗法可以促进局部血液循环，改善组织代谢，缓解肌肉酸痛，消除疲劳。

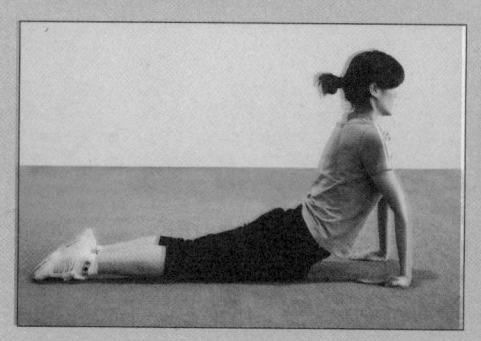

图 2-3-12

第三章　基本技术

　　轮滑运动可以锻炼人的体能和意志，还对人体的平衡机能、协调性、耐力素质及各感觉器官的敏感性有帮助。它是一项能使参与者身体得到全面发展的运动项目。轮滑运动没有严格的年龄和身体要求，在器材和场地方面也没有严格要求，这些都为轮滑运动的广泛开展创造了有利的条件。

第一节

初学者训练

开始学习轮滑技术时，应遵循由易到难、由浅入深、循序渐进的原则，从基础技术练习开始，慢慢进入轮滑世界。

 站立姿势

轮滑运动的基本站立姿势是上体前倾，头部保持正直，双臂屈肘前伸，屈膝，大小腿夹角约为140度，小腿向前与水平面约呈80度，两脚左右开立，与肩同宽，身体重心落在两个前脚掌上，两脚均衡用力，全身自然放松。

陆地模仿

在正式穿轮滑鞋进行练习前，不穿轮滑鞋在地上做轮滑运动的基本站立姿势和滑行动作的模仿性练习，可以帮助初学者尽快掌握正确动作。

动作方法 见图 3-1-1

（1）身体呈基本站立姿势；

（2）原地抬脚练习，做左右移动重心的抬脚踏步练习；

（3）原地蹲起练习，开始可半蹲，逐渐加大下蹲的幅度，最后可做深蹲；

（4）侧向移动重心练习，在原地抬脚练习的基础上做向左或向右移动重心练习。

✿ **技术要点**

在做练习过程中，应该努力使支撑腿直立，控制其稳定性，同时在移动重心练习时，保持身体重心的平稳，避免上下起伏和身体摇摆。

✿ **错误纠正**

身体重心落在两只脚掌上，练习过程中直膝。因此，应注意身体重心落于两个前脚掌上，同时屈膝降低重心。练习者在练习过程中可互相监督，语言提醒。

图 3-1-1

"丁"字脚站立

动作方法　见图 3-1-2

两脚呈"丁"字靠拢站立，前脚跟靠住后脚的脚弓处，两膝略屈，上体略前倾，重心略偏于后脚。

技术要点

由于两脚呈"丁"字靠住，脚下轮子不能滑动。

错误纠正

练习过程中直膝，重心落于前脚。因此，应注意练习过程中，重心要略偏于后脚，同时保持屈膝动作。

图 3-1-2

外"八"字脚站立

动作方法　见图 3-1-3

两脚尖外展 45 度左右，呈外"八"字，脚跟靠住站立，上体略前倾，两膝略屈，两臂自然下垂于体侧，重心落在两脚中间。

技术要点

重心要落在两脚中间，可以防止两脚的轮子前后滑动，使站立更加稳定。

错误纠正

练习过程中直膝、重心不稳。因此，应注意练习时保持屈膝动作，同时重心要落在两脚中间。

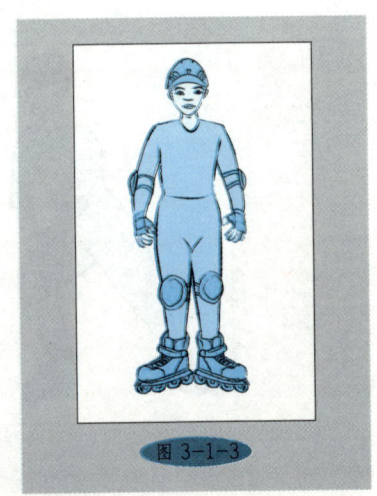

图 3-1-3

平行站立

动作方法 见图 3-1-4

（1）两脚平行，左右开立，略窄于肩，脚尖略内扣，膝关节略屈，重心落在两脚之间；

（2）如果练习者穿单排轮滑鞋做此练习，则需要在站立时两脚略向内侧倾倒，这样利于稳定站立。

技术要点

两脚尖略内扣，保持两脚平行，保持屈膝动作。

错误纠正

两脚不平行，身体重心不稳，两脚外扩。因此，应注意练习者要保持身体重心落在两脚中间，两脚保持平行，身体略屈，两脚尖略内扣，以保持身体平衡站立。

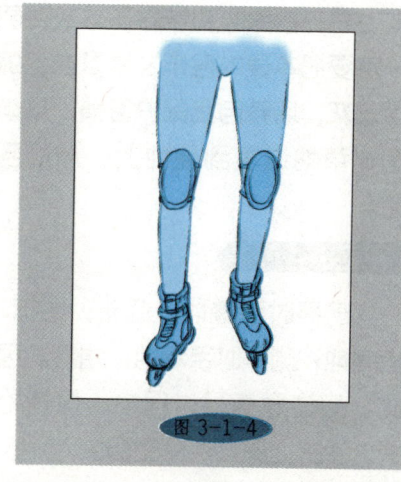

图 3-1-4

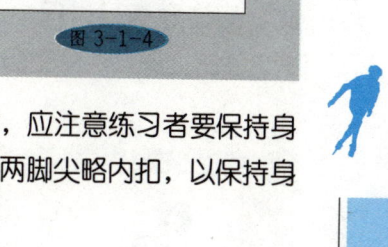

原地及行进间的自我保护练习

轮滑初学者在练习过程中，掌握自我保护的方法非常重要，有利于掌握正确的动作方法，避免自己受伤。

动作方法

（1）前摔自我保护法。身体呈跪式，肘－掌－前扑－跷指抬头（见图3-1-5）。

（2）侧摔自我保护法。肘－掌－髋－跷指（见图3-1-6）。

（3）后摔自我保护法。肘－掌－臀（见图3-1-7）。

初学者训练

技术要点

在原地及滑动中练习三种摔法,检查护具是否到位,手指一定要上翘并抬头。初学者在每次课前一定要把本课内容作为复习内容练习三次,培养自我保护习惯,从垫子、草地过渡到硬地上,从静到动。

错误纠正

前摔时手着地,低头;屈指,指向地;侧摔时手着地,屈指。因此,应注意练习过程中,保持抬头,手指上翘,避免受伤。

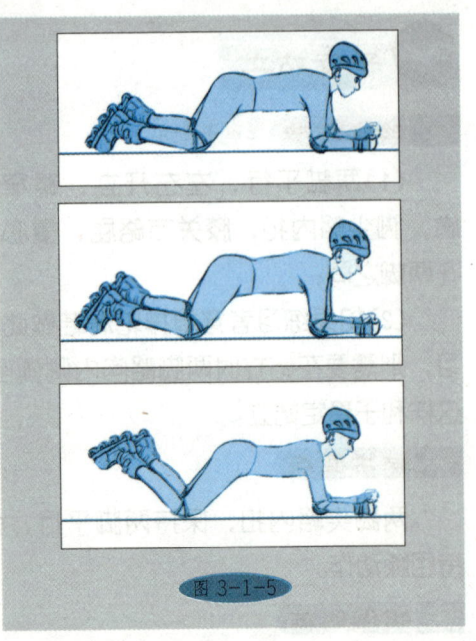

图 3-1-5

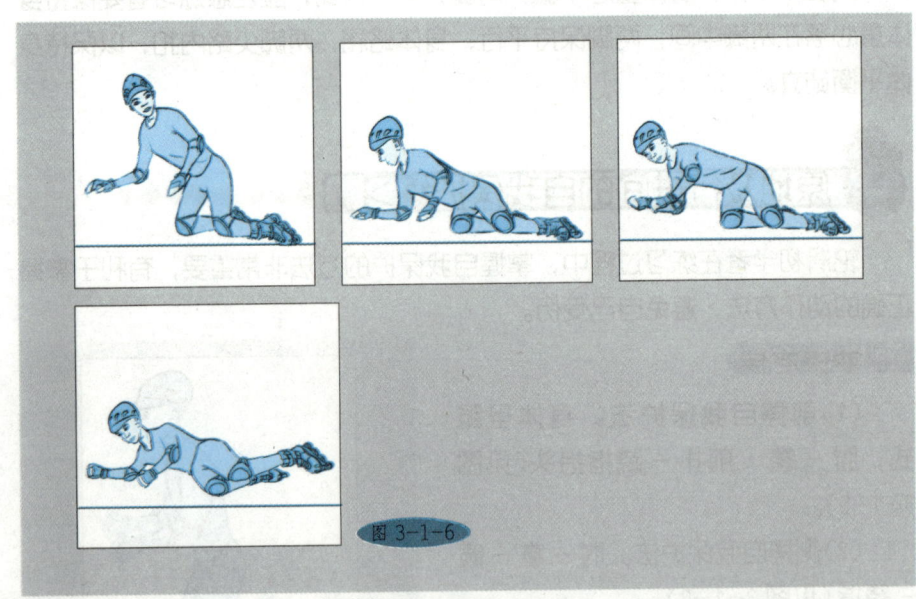

图 3-1-6

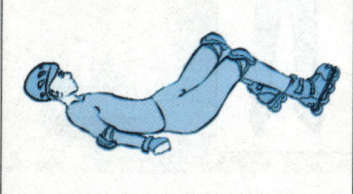

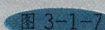
图 3-1-7

 身体重心移动

原地移动重心是由站立过渡到学习轮滑的一个非常重要的练习步骤，对控制身体重心移动和掌握平衡能力的提高有着重要作用。

身体重心原地移动

原地左右移动

动作方法 见图 3-1-8

两脚平行站立，上体略向一侧倾倒，逐渐将重心完全移动至一条腿上支撑，待稳定后再向另一侧移动。

技术要点

重心左右移动到两条腿上。

错误纠正

两脚不靠拢，踏步倒踝，步子迈

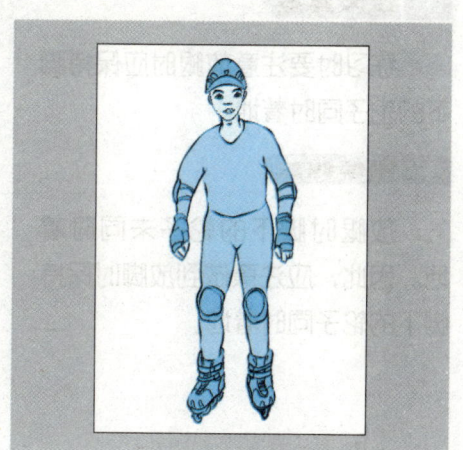

得大。因此，应注意做到脚支撑三点直线不倒踝，步子要小，脚跟靠拢。

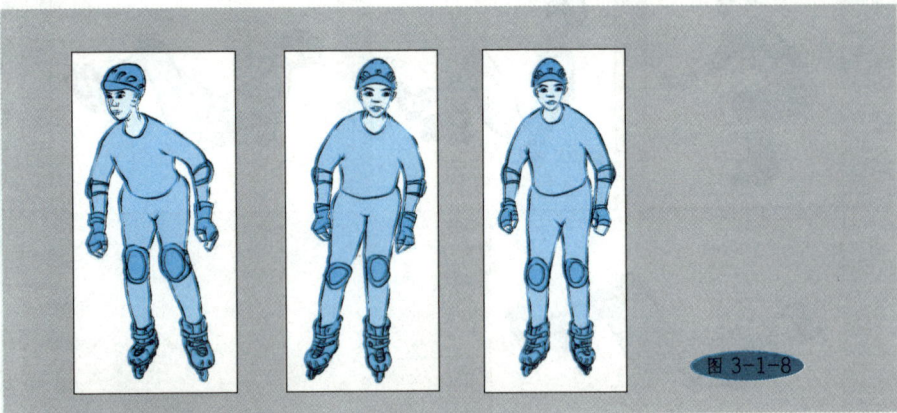

图 3-1-8

原地抬腿

动作方法 见图 3-1-9

两脚平行，左右开立，与肩同宽，膝关节略屈，重心落在两脚之间。上体略前倾，两臂自然弯曲下垂，身体重心移至左腿，右腿略抬起、放下，然后身体重心移至右腿，左腿略抬起、放下。

技术要点

练习时要注意放腿时应保持脚下的轮子同时着地。

错误纠正

放腿时脚下的轮子未同时着地。因此，应注意做到放脚时保持脚下的轮子同时着地。

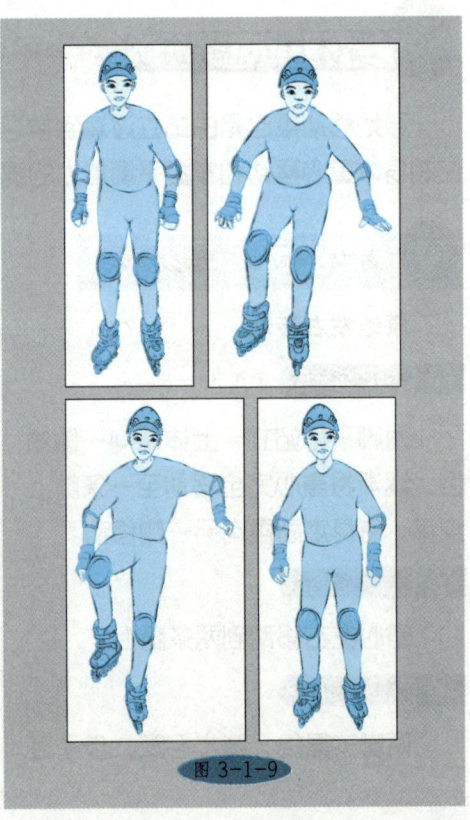

图 3-1-9

原地蹲起

![icon] **动作方法** 见图 3-1-10

两脚平行，左右开立，与肩同宽，做下蹲起立动作。可先做半蹲，逐渐加大下蹲的程度和速度，直至快速深蹲并做短时间的静蹲后再站立起来。

![icon] **技术要点**

在屈伸髋、膝、踝三个关节的协调配合。

![icon] **错误纠正**

上体立得不直，踝、膝和髋三个关节不协调。因此，应注意要保持上体直立，同时屈伸踝、膝和髋三个关节要协调。

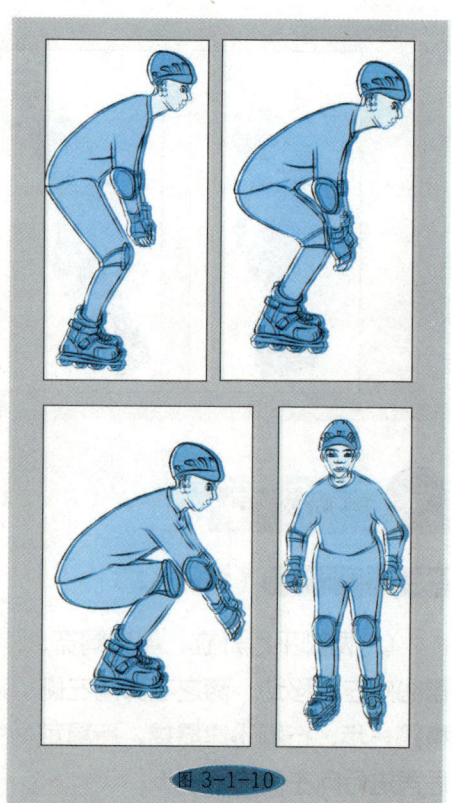

图 3-1-10

外 "八" 字脚行走

![icon] **动作方法** 见图 3-1-11

（1）两脚尖外展 45 度左右呈外 "八" 字脚站立，重心移至左脚并前移，右脚略抬起并向前迈进一小步，重心随之移至右脚上；

（2）然后抬左脚向前迈进一步，重心随之移至左腿上，反复进行练习，逐渐加快迈步频率和加大迈步距离。

![icon] **技术要点**

放脚时注意应尽量保持脚下的轮子同时着地。

![icon] **错误纠正**

放腿时脚下的轮子没有同时着地。因此，应注意做到放脚时保持脚下的轮子同时着地。

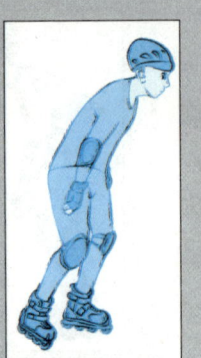

图 3-1-11

侧向迈步

 动作方法 见图 3-1-12

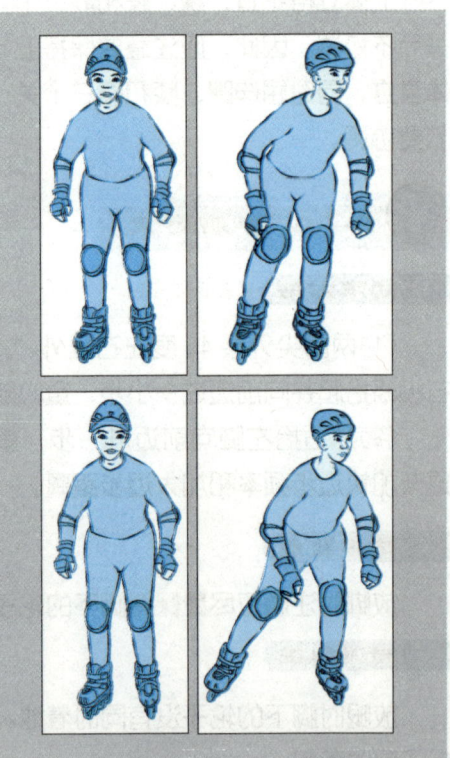

(1)两脚平行开立，与肩同宽，重心向左侧移动，随之左脚向左侧横跨一步，右脚迅速靠拢，待稳定后再进行向左侧的下一步；

(2)如此反复进行五步左右，再向右侧做相同练习。

技术要点

在练习过程中，保持身体重心沿着同一高度的水平线移动。

错误纠正

突然降低重心，迈进距离和放腿时脚下的轮子不能同时着地。因此，应注意做到逐渐降低重心，迈进距离和放脚时保持脚下的轮子同时着地。

图 3-1-12

侧向交叉步

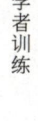

❄ 动作方法 见图 3-1-13

（1）两脚平行开立，与肩同宽，重心向左侧移动，先将重心移至左腿上并继续向左移动略超出左腿支撑点，收右腿，向左腿前外侧迈步，呈双腿交叉姿势，重心随之移至右腿上，右腿支撑重心；

（2）收左腿向左侧跨出一步呈开始姿势，如此反复进行五步左右后再向右侧做同样练习。

❄ 技术要点

逐渐降低重心，逐渐加快迈步频率，加大迈进距离，放脚时应尽量保持脚下的轮子同时着地。

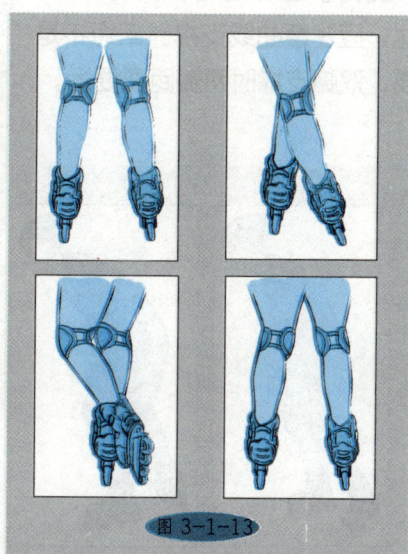

图 3-1-13

❄ 错误纠正

突然降低重心，迈进距离和放腿时脚下的轮子不能同时着地。因此，应注意做到逐渐降低重心，迈进和放脚时保持脚下的轮子同时着地。

直道滑行

动作方法 见图 3-1-14

两腿略屈、上体前倾、脚要直、轮要正，两臂靠近身体，掌心向里，肩部要放松。

技术要点

侧蹬步子要小，脚跟靠拢，不倒踝，轮要正，垂直支撑。

错误纠正

没有掌握蹬地后收腿的时机。因此，应注意曲线支撑时三点不是直线，双脚支撑时两脚距离要远。

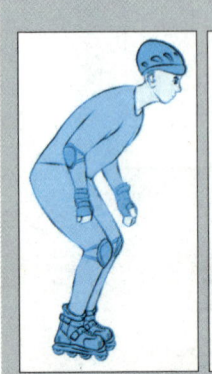

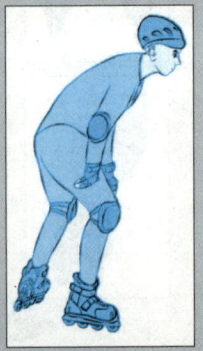

图 3-1-14

弯道滑行

在掌握直道滑行技术的基础上，掌握好弯道滑行技术就变得非常重要了。

走步转弯

两脚靠拢，里外刃要倾倒，左脚内刃支撑，向左侧蹬滑交叉步，倒踝，上体向里扭，形成反支撑。

⚙ **技术要点**

（1）穿轮滑鞋左右倾倒里外刃平衡练习，分解的蹬收练习；

（2）左右脚延长弧线，滑行要倾倒；变向左右弧线滑行、全刃、侧蹬收。

图 3-1-15

⚙ **错误纠正**

走步的频率和步幅以及转向的角度突然加大。因此，应注意走步的频率和步幅以及转向的角度逐渐加大。

惯性转弯训练

当向前滑行有了一定惯性后，两脚平行呈双滑姿势，如向左转弯时，左脚前伸，头与肩向左转，中心略向左倾斜，借助惯性就会自然向左转弯。

双排轮滑鞋惯性转弯

⚙ **动作方法** 见图 3-1-16

（1）当向前滑行一定速度后，两脚平行略靠近，向左转弯时，左脚略向前，右脚靠后，中心在两脚之间三分之一处；

（2）左脚略弯曲，右腿直，身体重心向左倾斜，重量压在左脚和右

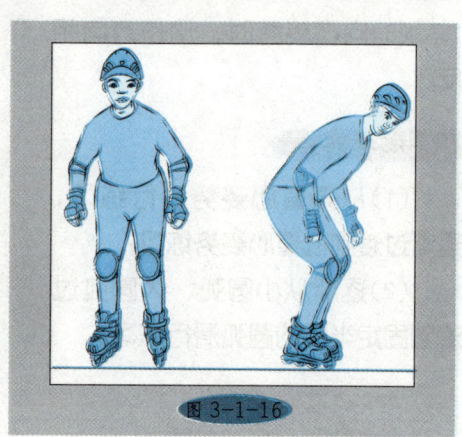

图 3-1-16

脚的左侧轮，借助滑行惯性向左滑出一较大弧线，身体向左转弯；

（3）向右转弯时，动作方向相反。

✿ 技术要点

（1）从高重心姿势进行练习逐渐过渡到低重心姿势练习；

（2）逐渐从小圆弧、大圆弧过渡到固定半径的圆弧滑行练习。

✿ 错误纠正

走步的频率和步幅以及转向的角度突然加大。因此，应注意练习中，要逐渐从小圆弧、大圆弧过渡到固定半径的圆弧滑行练习。

单排轮滑鞋惯性转弯

✿ 动作方法   见图3-1-17、3-1-18、3-1-19

（1）当向前滑行一定速度后，两脚平行略靠近，向左转弯时，左脚略向前，右脚靠后，中心在两脚之间三分之一处；

（2）转弯时身体重心向左倾斜，倒至两脚着力点的左侧，膝、踝呈一直线也向左倾，使两只鞋轮的左侧着地，借助惯性就会自然地向左转弯；

（3）向右转弯时，动作方向相反。

✿ 技术要点

（1）从高重心姿势进行练习，逐渐过渡到低重心姿势练习；

（2）逐渐从小圆弧、大圆弧过渡到固定半径的圆弧滑行练习。

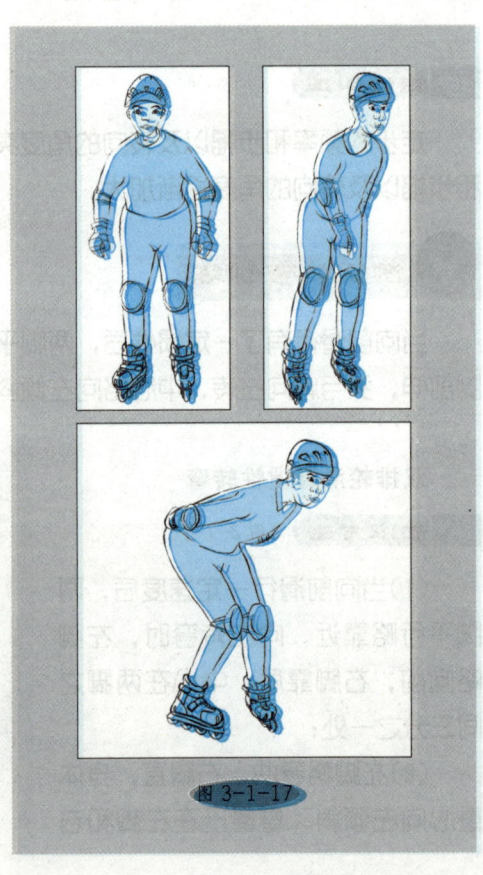

图3-1-17

 **错误纠正**

同"双排轮滑鞋惯性转弯"。

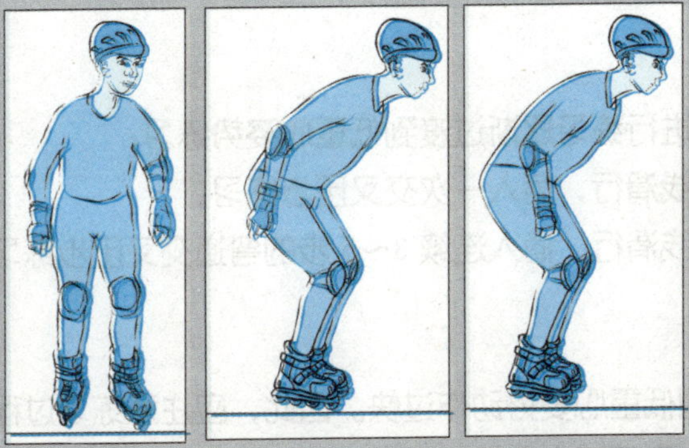

图 3-1-18

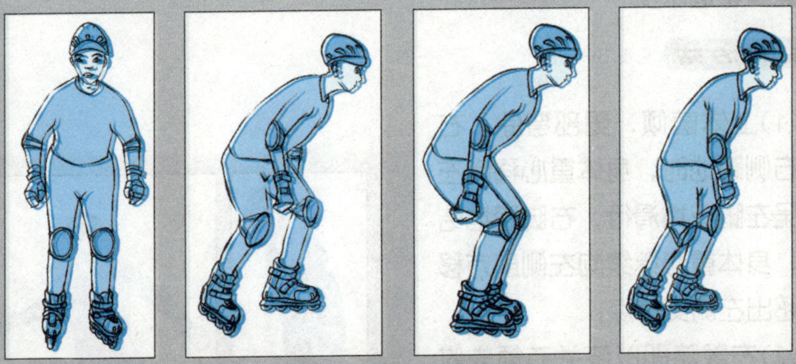

图 3-1-19

弯道压步

交叉步滑行

动作方法 见图3-1-20

(1)在圆弧上做向前滑行的步法,当左侧有稳定的平衡时,身体重心向左侧倒并完全落在左腿上,最好超出左腿支撑点,右脚向右蹬地后迅速收

图 3-1-20

回，并以大腿带动小腿向左脚的左前方迈出一小步，身体重心随即跟上；

（2）当右脚短暂滑行之后，左脚以大腿带动小腿迅速从右腿后方收回，同时右脚向右蹬地，左脚向前滑进。重复上述动作。

技术要点

（1）从高重心姿势进行练习逐渐过渡到低重心姿势练习；

（2）在圆弧上做直线滑行，插入一次交叉压步练习；

（3）在圆弧上做直线滑行，插入连续 3～5 步的弯道交叉压步练习。

错误纠正

高重心姿势过渡到低重心姿势动作过快。因此，应注意练习过程中，要从高重心姿势逐渐过渡到低重心姿势练习。

连续弯道压步

动作方法 见图 3-1-21

（1）上体前倾，腿部弯曲，右脚向右侧蹬地时，身体重心移向左腿并呈左腿支撑滑行，右脚蹬地结束后，身体重心继续向左侧前方移动并超出左侧支撑点；

（2）右腿随即以膝关节领先收回，并越过左脚在左脚的左侧前方落地并承接身体重心滑行，左腿在右腿后方向右后侧蹬地，然后收回落在已移到右脚左侧的身体重心下方承接重心并支撑滑行，右腿再开始向侧蹬地做下一次压步动作。

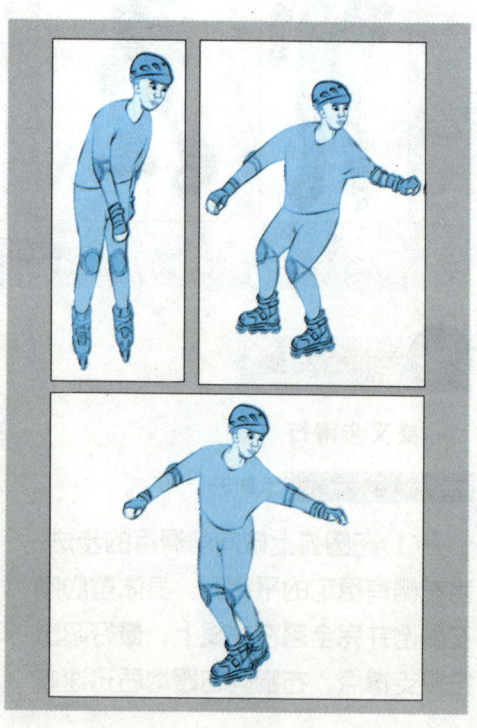

技术要点

（1）任意半径的大、小步弯道交叉步练习；

（2）固定半径的弯道交叉压步练习；

（3）直道滑行接弯道交叉步练习；

（4）从高重心姿势进行练习逐渐过渡到低重心姿势练习。

图 3-1-21

错误纠正

同"交叉步滑行"。

减速制动

轮滑的停止方法、轮滑的简单滑行和轮滑的简单转弯被称为轮滑初学阶段的三项必学技术。

"A"形减速制动

动作方法 见图 3-1-22

（1）两脚与肩同宽或略宽于肩，两膝略屈内扣，以轮子的内刃着地，两脚尖内扣呈"A"形，重心落在两脚之间略偏脚跟处，脚跟用力向外张挤，利用轮子的内刃与地面的摩擦力来起到减速制动的作用；

（2）由于这种方法两者的形状与犁刀相似，因此在国外和港台的一些资料中又称其为"犁式"制动法，它可使我们在直线上进行制动而无需转

图 3-1-22

弯，但减速距离较长，制动速度较慢。

 技术要点

逐渐由慢速滑行中做制动练习过渡到快速滑行中进行制动练习。

错误纠正

重心不稳定，支撑腿偏离重心。因此，应注意保持重心稳定，重心落在两腿之间略偏脚跟处。

连续转弯减速制动

动作方法 见图 3-1-23

由于在轮滑的转弯技术中，除了弯道压步技术之外，其他的各种转弯方法都会对滑进的速度产生一定的消耗作用。因此，我们在需要减速或停止的时候，可做连续的惯性转弯或短步转弯动作来消耗滑行的速度惯性，逐渐减速，达到制动的目的。

技术要点

（1）逐渐由慢速滑行中做制动练习，过渡到快速滑行中进行制动练习；

（2）这种方法具备较为简单而容易掌握，稳定性强且不易摔倒并适合各种场地和轮滑鞋的优点，但它的减速距离长，制动速度慢。

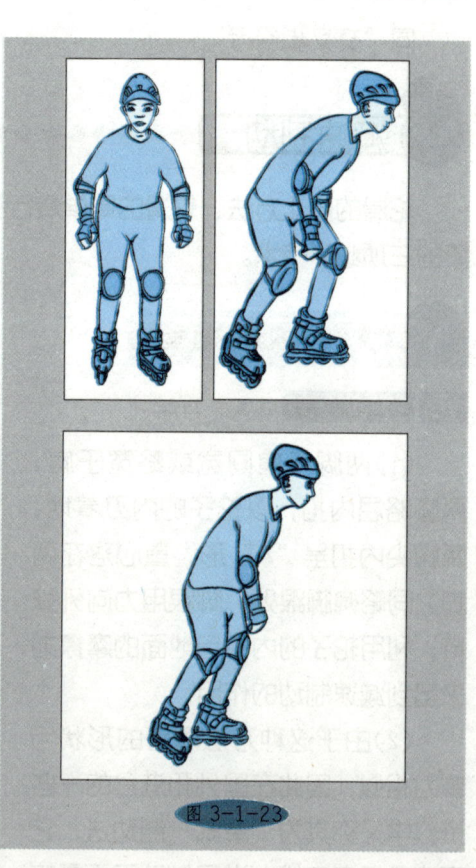

图 3-1-23

同"'A'形减速制动"。

"T"形减速制动

见图 3-1-24

（1）在向前滑行中，将重心放在左脚上，左膝略屈，同时抬起右脚，右脚脚尖外转，横放在左脚后呈"T"形；

（2）以右脚的四个轮内侧面摩擦地面，减缓滑行速度，此时，重心下降并逐渐移向右脚，加大摩擦直到停止滑行。此方法可使用在直线上进行制动，熟练后减速的距离可有效的缩短，提高制动速度。

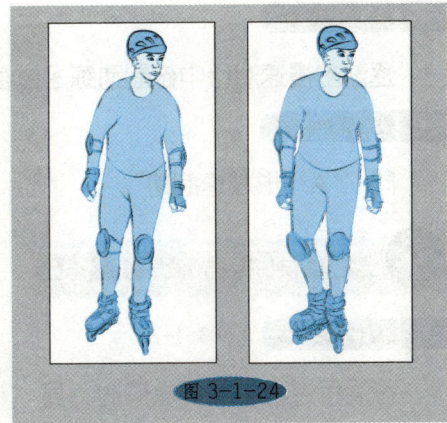

图 3-1-24

逐渐由慢速滑行中做制动练习过渡到快速滑行中进行制动练习。

同"'A'形减速制动"。

制动器减速制动

 见图 3-1-25

（1）双排花样轮滑鞋的制动器安装在鞋尖的前下方，因而它的制动方法与"T"形制动法很相似，只是抬起右脚时脚尖可不外转并以制动器摩擦地面而达到减速制动的目的；

（2）单排轮滑鞋因制动器是装在鞋的后

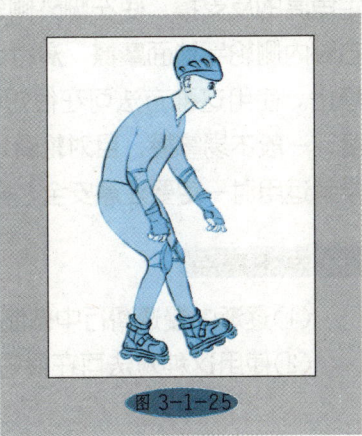

图 3-1-25

初学者训练

047

跟处，所以在快速滑行时不可突然用此方法，而应在采用其他方法减速后再用此方法做最后的急停。其方法是在较慢速滑行时，将装有制动器的脚放在前面，两脚前后开立，重心降低并移到后跟上，上体直立同时前脚前伸，脚尖抬起用鞋后跟的制动器着地，并用适当的力量压地，使制动器与地面摩擦，达到降速制动的作用。

基本技术

技术要点

逐渐由慢速滑行中做制动练习过渡到快速滑行中进行制动练习。

错误纠正

同"'A'形减速制动"。

双脚侧平行减速制动

动作方法 见图3-1-26

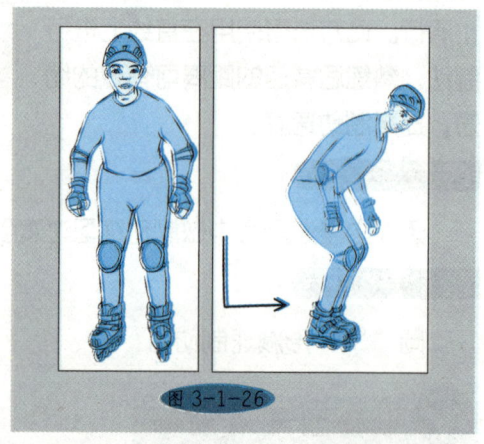

在滑行过程中需要急停时，身体迅速向一侧转体90度并带动双脚迅速转动90度，两脚平行分开，同时身体重心急速降低并后留，如向左侧转动时，右脚向滑行时的前进方向尽量前伸于地面呈小角度反支撑，左脚也应在重心的前面呈一定角度的反支撑，使左脚外侧轮和右脚内侧轮与地面摩擦，滑行突然

图3-1-26

停止。使用这种方法可在很短的时间内达到制动的目的，但它有较高的难度，一般不易掌握，且对轮滑场地的平整和光滑度也有很高的要求，因而初学者运用时一定要注意安全，循序渐进。

技术要点

(1)逐渐由慢速滑行中做制动练习，过渡到快速滑行中进行制动练习；
(2)使用这种方法可在很短的时间内达到制动的目的，但它有较高的难度，一般不易掌握，且对轮滑场地的平整和光滑度也有很高的要求，因而初学者运用时一定要注意安全，循序渐进。

快速滑行时突然使用此方法。因此，应在采用其他方法减速后再用此方法做最后的急停。

在掌握滑行和制动技术的同时，掌握倒滑技术非常重要。

单脚"S"形倒滑

 动作方法 见图 3-1-27

(1)两脚前后开立相距 30～40 厘米，腿部放松，略屈膝关节，上体直立略转体、转头看后方，重心落在两腿间靠后约三分之一处；

(2)蹬地时前腿膝关节内扣，以轮子的内刃蹬地，后腿直线向后滑行，这时前脚跟随后腿在同侧体前滑出一条"S"形弧线，后脚跟略抬起，脚尖外展沿弧线的反向再以弧线

图 3-1-27

收回至后退的前方约 20 厘米处，如此反复推进、收回向后滑行。

技术要点

双脚支撑重心前移，接体重平刃或内刃，交叉步接重心，靠近支撑脚着地。

错误纠正

两脚内刃支撑相距太远，支撑脚交叉后蹬地倒踝。因此，应注意两脚内

刃支撑不能相距太远，交叉步接重心，靠近支撑脚着地。

双脚"8"形倒滑

动作方法 见图3-1-28

（1）两脚平行开立相距20～30厘米，腿部放松，略屈膝关节，上体直立略转体、转头看后方，重心落在两腿之间略偏后，蹬地时两脚尖靠拢，脚跟向外打开约45度；

（2）用两脚同时压住轮子的内刃，向两旁推开，向外画弧，身体向外滑行一段距离。这时两腿向内夹收，两腿改内"八"字为外"八"字，同样向内画弧，继续向后倒滑。当两脚跟靠近但尚未并拢时，双脚转变为内"八"字，同时往外推开。如此反复推进、收回。

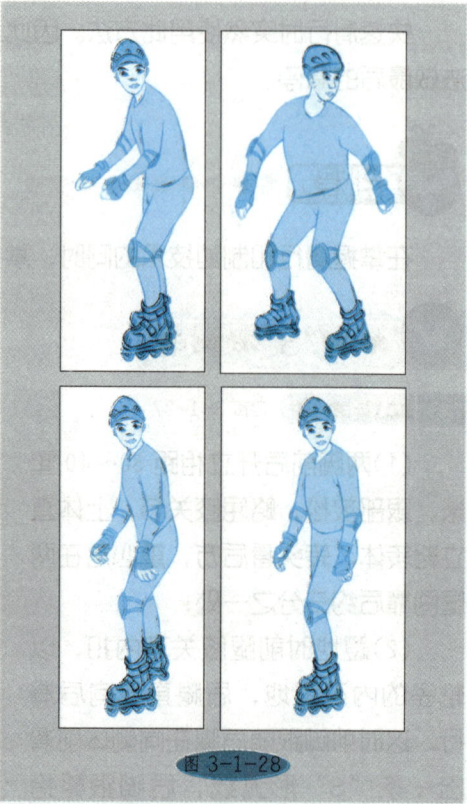

图3-1-28

技术要点

同"单脚'S'形倒滑"。

错误纠正

同"单脚'S'形倒滑"。

双脚交替倒滑

动作方法 见图3-1-29

（1）两脚开立，两脚尖靠拢，脚跟向外打开约45度，脚部放松，

略屈膝关节，上体直立略转体、转头看后方，重心落在两腿中间略偏后。蹬地时右脚以内刃向右侧前方用力蹬地，重心移到左腿上向左后方滑行。

（2）右脚蹬地结束后，迅速收回到左脚内侧，此时重心开始向右后方移动。左脚以内刃向左侧前方用力蹬地，重心移到右腿上向右后方滑行，左脚蹬地结束后，迅速收回到右脚内侧，如此反复两脚交替蹬地向后滑行。

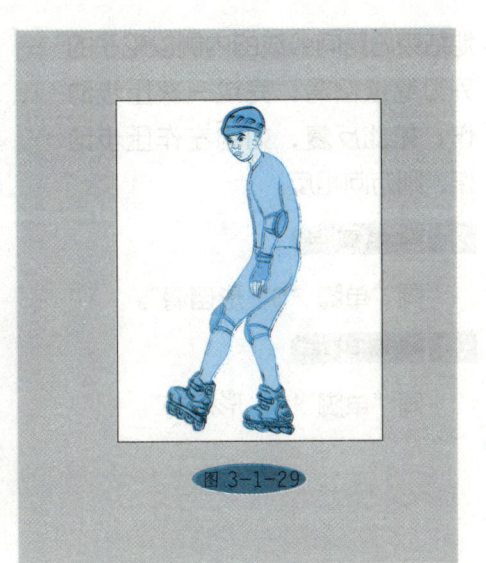
图 3-1-29

🌸 **技术要点**

同"单脚'S'形倒滑"。

🌸 **错误纠正**

同"单脚'S'形倒滑"。

▽ **倒滑压步**

🌸 **动作方法** 见图 3-1-30

（1）两脚平行开立相距 20～30 厘米，腿部放松，略屈膝关节，如向右做压步动作，则用左脚内刃蹬地，同时身体重心移向右侧成右腿支撑，倒滑并将重心继续右移超出右腿支撑点，头肩右转看后方；

（2）左脚蹬地结束后以大腿带动小腿摆动至右脚的右前方落地呈交叉状并继续以内刃向后倒滑，此时右腿迅速向左后方蹬直，右腿蹬

地结束后跨向弧线的内侧以轮子的外刃继续倒滑，完成一次压步动作，如此反复，如向左作压步动作，则方向相反。

技术要点

同"单脚'S'形倒滑"。

错误纠正

同"单脚'S'形倒滑"。

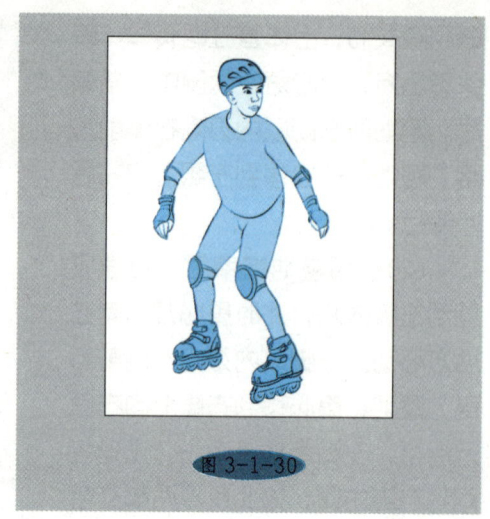

图 3-1-30

倒滑制动

倒滑制动器制动

动作方法 见图 3-1-31

在向后滑行的过程中，身体略前倾，两膝弯屈，两脚跟逐渐抬起，以脚尖前下方的制动器摩擦地面，起到减速制动的作用。

技术要点

两脚跟要逐渐抬起，以脚尖前下方的制动器摩擦地面。

图 3-1-31

错误纠正

身体直立，两脚跟突然抬起。因此，应注意身体略前倾，两脚跟要逐渐抬起，以脚尖前下方的制动器摩擦地面。

倒滑"V"形制动

动作方法 见图 3-1-32

在向后滑行的过程中，两脚尖外展约 40 度，呈"V"形，两脚以轮子

的外刃柔和地压紧地面，加大摩擦制动，两腿逐渐分开并伸直，上体略前倾。

图 3-1-32

技术要点

两脚尖外展呈"V"形，两脚以轮子的外刃柔和地压紧地面，加大摩擦制动。

错误纠正

上体直立，用轮子的内刃压紧地面。因此，应注意上体略前倾，两脚以轮子的外刃柔和地压紧地面，以加大摩擦制动。

第二节

速度轮滑技术

速度轮滑是采用特殊的姿势进行练习和比赛的，为了保持快速滑行中的平稳，减少空气阻力，运动员在练习和比赛中多采用上体前倾，两腿弯曲，背手或摆臂的滑跑姿势。

 **直道滑跑**

直道滑跑技术，就是前几章初学轮滑部分的向前滑行技术，但作为一项竞速技术，则更需要详细规范地加以分析和介绍。

直道滑跑姿势

动作方法 见图 3-2-1

速度轮滑直道滑跑采用上体前倾的半蹲式姿势，髋、膝、踝三关节呈弯曲的状态。上体放松，两手握于背后，头略抬起目视前进方向 10～20 米处。

在滑行中重心落在脚心处为宜。髋关节角度为 90～100 度，膝关节角度为 110～130 度，踝关节的角度为 50～60 度。

❀ 技术要点

与陆地奔跑技术不同，速度轮滑的滑跑没有向前的反支撑和蹬地后双脚腾空的过程，它的技术是内向型周期循环性动作。

图 3-2-1

❀ 错误纠正

上体直立。因此，应注意上体略前倾，髋、踝和膝三关节呈弯曲的状态。

蹬地

蹬地动作用力方式

❀ 动作方法 见图 3-2-2

速度轮滑运动的蹬地方式具有快速用力的形式和逐渐加速度的特点。在蹬地的开始阶段，由于身体重心位置，蹬地角度未成熟，蹬地腿所处的关节角度也不利，因此，开始阶段的蹬地速度略慢。在蹬地的最大用力阶段，由于形成良好的蹬地角和蹬地腿的各关节角度都处于最有利的状态下，此时需要加速用力蹬地，同时力量也达到最高水平。

⁂ 技术要点

开始阶段，蹬地速度略慢；最大用力阶段，蹬地速度最大。

⁂ 错误纠正

蹬地时用力不均。因此，应注意开始阶段，蹬地速度略慢，最大用力阶段，蹬地速度最大。

图 3-2-2

蹬地角

⁂ 动作方法 见图 3-2-3

蹬地角是指蹬地腿的纵轴线与水平面之间的内侧夹角。在速度轮滑运动中，蹬地角可以决定蹬地的力量效果，但前提必须是全力蹬地。轮滑运动理想的蹬地角为 40～50 度，此时蹬地力量最大。

⁂ 技术要点

在滑行的过程中，蹬地角并非一定值，从蹬地动作开始到蹬地动

作结束，蹬地角是不断变化的，其趋势是不断减小，到结束蹬地时是一定值，平均变化值在 40～80 度之间。

❀ 错误纠正

蹬地角度不随滑行距离改变。因此，应注意蹬地角度一般根据滑跑的项目和滑跑的区域所决定，长距离项目角度较大，短距离项目角度较小，直道的蹬地角度较大，而弯道的蹬地角度较小。

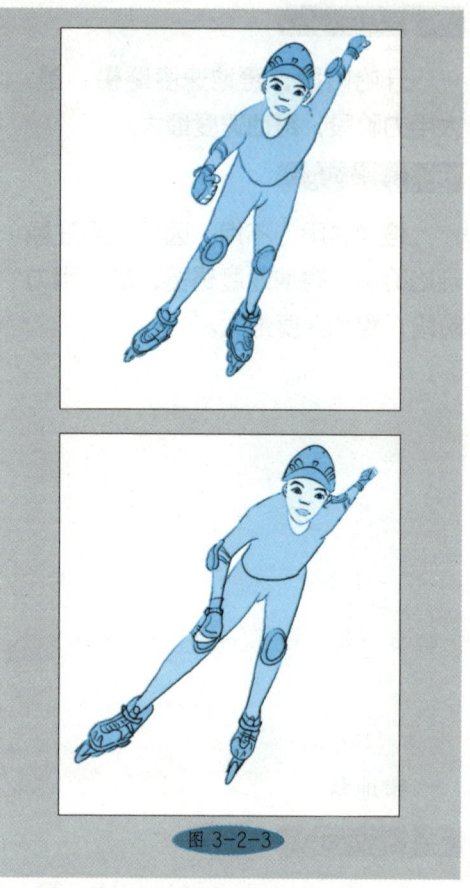

图 3-2-3

蹬地力量、速度和幅度

❀ 动作方法

滑行的速度取决于蹬伸动作对地面产生作用力的大小，作用力与滑行速度成正比例关系。作用力的大小又决定于肌肉收缩所做的功和功率。功率的大小与蹬地力量，蹬伸速度及做功的距离有关，在蹬地过程中想获得较大的功率，只有加大蹬地的力量和提高蹬伸的速度。

❀ 技术要点

在轮滑运动中，由于轮与地面咬合有脱滑现象，因此要求动作幅度不要过大，膝关节不要求完全伸直。

错误纠正

动作幅度过大，膝关节完全伸直。因此，应注意动作幅度不要过大，膝关节不要完全伸直。

蹬地方向

动作方法

在相对静止的条件下，凡是向前的滑行动作，运动员只有向支点后方施以作用力才能产生推动身体向前的反作用力。速度轮滑运动中的起跑阶段是向后蹬地的，在疾跑阶段由于速度逐渐增加，蹬地的方向就要由后逐渐转向侧方，当达到一定的滑跑速度时，蹬地的方向要向侧方，这时蹬地方向应与滑行方向相垂直。

技术要点

滑行速度较快时，蹬地的方向要向侧方，而不是向后蹬地。

错误纠正

滑行速度较快时，蹬地的方向仍然向后。因此，应注意掌握滑行的速度和蹬地方向相配合。

利用体重蹬地

动作方法

蹬地是将身体重心控制在蹬地腿上，借助身体重量对地面的作用力，来增加蹬地的力量。在破坏平衡后的蹬地过程中，使重心始终控制在蹬地腿上。

技术要点

蹬地的力量大约是体重的30%。

错误纠正

重心分配在两条腿上。因此，应注意重心始终控制在蹬地腿上，另一条腿没有承受体重。

蹬地的用力顺序及时机

动作方法

(1)蹬地的用力顺序是指下肢各关节伸展的顺序，它对提高滑速有很大

的作用。合理的伸展顺序是以先伸展髋关节，然后迅速伸膝，伸踝的动作顺序易形成快速有力的蹬地动作；

（2）蹬地时机是蹬地腿开始蹬地动作与浮腿着地动作之间的时间关系。如果早蹬必须有适宜蹬地等前提。蹬地晚的含义是在蹬地过程中浮腿轮提前或过早着地，甚至承担体重后再蹬地。

 **技术要点**

蹬地的用力顺序是髋－膝－踝。较好的蹬地时机应该是在蹬地腿蹬地过程中，达到最大用力阶段时，浮腿轮刚刚着地。

错误纠正

蹬地的用力顺序发生颠倒，蹬地太晚或是蹬地太早。因此，应注意蹬地的用力顺序是：髋－膝－踝，在有适宜的蹬地角时，建议早蹬。

收腿

当蹬地腿完成蹬地动作后，浮腿抬离地面到再次着地的过程称之为收腿。

动作方法 见图 3-2-4

浮腿的大腿带动小腿以最短的路线拉回，使浮腿的膝关节靠近支撑腿。收腿时髋关节内收，屈膝关节，形成自然的摆动动作。

图 3-2-4

技术要点

收腿的任务是连接蹬地与着地动作，配合身体重心的移动保持平衡及放松等。另外，浮腿积极的摆动也有助于蹬地腿发挥蹬地力量。

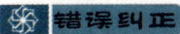

膝关节直立，髋关节外扩。因此，应注意做到髋关节内收，膝关节屈，形成自然的摆动动作。

 着地

动作方法 见图 3-2-5

着地动作是指从收腿动作结束后至轮落地的动作阶段，包含两个动作。一是向前摆腿动作阶段，二是轮着地动作阶段。着地的动作方法是以大腿屈的动作为主，从后向前提拉，以后轮领先在靠近蹬地腿内侧的前方着地。

图 3-2-5

技术要点

着地时小腿有明显的积极前送下落动作并使浮腿充分放松。

错误纠正

浮腿轮着地的开角过大。因此，应注意练习者浮腿轮着地的开角不宜过大，浮腿轮在着地的瞬间暂不承担体重，当蹬地腿蹬地结束时的刹那，才迅速地承担体重。

 惯性滑进

动作方法 见图 3-2-6

惯性滑进时，除了尽量保持自己已获得的速度外，重要的是为了下次蹬地做好准备。惯性滑进动作连续的时间与不同的项目有关，其技术动作也有区别。长距离滑跑时，滑进持续时间比短距离长，一般占一个单步幅 1/2 长，而短距离滑跑则占一个单步幅的 1/3 或 1/4 左右。在支撑滑进过程中，

最好利用轮正面支撑，减少轴向用力导致对轴承压力过大，造成速度损失。

 **技术要点**

利用轮正面支撑，减少轴向用力导致速度损失。

错误纠正

惯性滑进动作连续的时间不因距离的长短有区别。因此，应注意滑进持续时间与距离成正比。

图 3-2-6

摆臂

动作方法 见图 3-2-7

（1）短距离项目采用双摆臂的较多，长距离项目采用单摆臂的较多，单摆臂通常摆动右臂，有时在长距离滑行的后程也采用双摆臂，双摆臂动作的幅度相对较小，摆动时，两臂以肩关节为轴；

（2）手可以半握拳或保持略屈状态，前摆到下颌，后摆与躯干平行。摆臂的方向应与躯干的纵轴线之间呈 40 度角为宜。摆臂动作的节奏要与蹬地腿保持一致，臂腿的配合动作是蹬地腿的同侧臂向前，异侧臂向后摆动。

 **技术要点**

短距离项目采用双摆臂，长距离项目采用单摆臂，两臂以肩关节为轴。

错误纠正

摆臂动作的节奏不能和蹬地腿保持一致。因此，应注意两臂的摆动与腿的配合是蹬地腿的同侧臂向前摆动，异侧臂向后摆动，两肩前后摆臂配合下肢蹬地、收腿、着地动作。

图 3-2-7

技术配合

两腿动作配合

动作方法 见图 3-2-8

在保持正确滑行姿势的基础上，两腿交替完成蹬地、收腿、着地、支撑滑行的动作，以一侧腿的动作为例，其周期动作顺序为：

右腿蹬地结束的左腿轮着地和单支撑滑行阶段；左腿蹬地和右腿的收腿动作过程；左腿蹬地最大用力阶段，此时右腿正处在着地的动作阶段双支撑滑行时期；左腿蹬地后收腿动作阶段。

技术要点

左右腿在蹬地、收腿、着地和支撑滑行动作的配合。

错误纠正

　　左右腿不能协调配合。因此，应注重左右腿在蹬地、收腿、着地和支撑滑行动作的配合。

图 3-2-8

摆臂动作与腿部动作配合

动作方法 见图 3-2-9

　　两臂的摆动与腿的配合是蹬地腿的同侧臂向前摆动，异侧臂向后摆动，两肩前后交替摆臂配合下肢蹬地、收腿、着地动作，构成完整的直道滑行动作。

技术要点

　　两臂的摆动与腿的配合是蹬地腿的同侧臂向前摆动，异侧臂向后摆动。

两肩前后摆臂不能配合下肢蹬地、收腿、着地动作。因此，应注意两臂的摆动与腿的配合是蹬地腿的同侧臂向前摆动，异侧臂向后摆动，两肩前后摆臂配合下肢蹬地、收腿、着地动作。

图 3-2-9

 弯道滑跑

弯道滑跑是轮滑运动最重要的技术部分，它是由高速直线滑跑运动急剧改变滑跑运动方向转入圆周上的运动。该技术既要保持高速滑行，又要保持平衡。弯道滑跑的基本动作也是有弯道滑行的基本姿势、蹬地、收腿、着地、摆臂及全身动作配合构成的，但没有单脚支撑自由化阶段。

弯道滑跑姿势

 动作方法　见图3-2-10

（1）上体前倾，支撑腿髋、膝、踝三关节保持屈的状态，在弯道滑行过

程中，身体始终向圆心倾斜，并保
持鼻与支撑腿的膝关节、前轮都处
在同一纵轴平面上；

（2）倾斜的幅度较大，蹬地角
在 40～45 度。单臂或双臂前后自
然摆动，身体重心的位置要落在轮
的中间部分为宜。

图 3-2-10

 **技术要点**

身体向圆心倾斜，身体的中
心落在轮的中间部分为宜。

错误纠正

鼻与支撑腿的膝关节、前轮不是出于同一纵轴平面上。因此，应注意保
持鼻与支撑腿的膝关节、前轮出于同一纵轴平面上，身体的重心落在轮的中
间部分。

蹬地

动作方法 见图 3-2-11

由于身体重心投影点始终在身
体的左侧，并在离心力与同心力的
作用下维持身体平衡，身体重心沿
弧线方向规律的运动。这样也自然
地形成了左脚外侧轮和右脚内侧轮
交替、连续、快频率向右侧蹬地的
动作技术。

技术要点

在弯道滑行过程中，克服人体
向前做直线运动的惯性需要一定向

基本技术

心力，弯道技术动作与直道技术动作相比有明显的不同。

错误纠正

　　左右腿蹬地动作完全一致。因此，应注意左右腿的蹬地动作有区别，右腿蹬地动作是以伸髋、展髋、伸膝的动作为主，伸踝动作为辅，而左腿的蹬地动作是以伸髋，内收髋关节，伸膝的动作为主。

速度轮滑技术

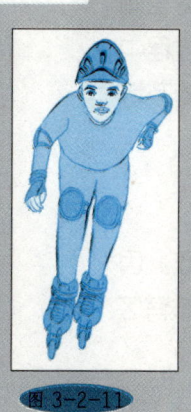

图 3-2-11

 收腿

 动作方法 见图3-2-12

（1）两腿的收腿动作不一致，右腿的收腿动作是以内收、屈髋、屈膝关节的动作为主，背屈踝关节动作为辅，膝关节领先，轮贴近地面向左侧平移，跨过左腿和左脚轮至左脚轮左侧略偏前的适宜位置；

（2）左腿的收腿动作以外展髋、屈髋和屈膝动作为主，以背屈踝关节为辅，以膝关节领先，使左踝保持放松状态，轮贴近地面向左上方做提拉腿的动作，将左腿收至支撑腿的左侧较适宜的位置。

技术要点

弯道收腿动作是弯道滑行周期动作的一个阶段，是指蹬地腿轮离开地面起，将浮腿收至支撑腿左侧的某一点的过程。它在滑行过程中起到放松肌肉、调节身体平衡及协调配合蹬地腿的蹬伸等作用。

错误纠正

左右腿蹬地动作完全一致。因此，应注意左右腿的蹬地动作有区别，仔细体会动作方法。

图 3-2-12

 着地

动作方法 见图 3-2-13

（1）右腿的着地动作是在右腿收腿动作结束后，利用右踝关节的背屈动作使轮的后轮正面在支撑腿的前内侧较适宜的位置轻轻地着地，左腿轮着地动作则是左腿收腿做这些动作；

（2）收腿动作结束后，左脚踝关节背屈，使前轮略翘起，利用轮外侧后部在右脚轮的前内侧较适宜的位置轻轻着地。

技术要点

弯道滑行的轮着地动作过程只是轮着地的瞬间动作。轮着地技术有着地方向、着地时机、着地部位和位置等组成。在滑行过程中起到确定滑行方向，调节蹬地时机，协调配合蹬地动作，建立和保持平衡

图 3-2-13

等作用。

 **错误纠正**

未找准着地时机，重心不稳，失去平衡。因此，应注意练习者要做到保持重心稳定，找准着地时机。

摆臂

 **动作方法** 见图3-2-14

双摆臂时，右臂的摆动幅度与直道摆动基本相同，摆动的方向可略向前，摆动的动作是以肩关节屈伸摆动动作为主，配合蹬地动作。

图3-2-14

技术要点

速度轮滑的摆臂动作多以单臂摆动动作为主。弯道滑行摆臂的重要任务是调节身体平衡，配合与加强蹬地，提高蹬伸效率。弯道滑行摆臂有利于在滑行过程中使整个身体处在协调状态并对战术的发挥起到作用。

错误纠正

右臂的摆臂动作和直道滑行完全一致。因此，应注意右臂的摆臂动作可略向侧，以肩关节的屈伸摆动动作为主。

技术配合

两腿动作配合

动作方法 见图3-2-15

（1）以一侧腿的动作为例，其动作顺序是蹬地－收腿－着地；

（2）两腿的动作配合为右腿开始蹬地，左腿开始收腿；右腿蹬地最大用

基本技术

力后，左腿轮着地；左腿开始着地，右腿开始收腿；左腿蹬地最大用力后，右腿轮着地。

速度轮滑技术

❄ **技术要点**

两腿间的交替配合完成蹬地、收腿和着地动作。

❄ **错误纠正**

两腿配合得不协调。因此，应注意保持两腿间的交替配合，完成蹬地、收腿和着地动作。

图 3-2-15

摆臂与腿部动作配合

❄ **动作方法** 见图 3-2-16

两臂的摆动动作与腿部动作配合是与蹬地腿的同侧臂向前摆动，异侧臂向后摆动，两臂摆至前后最高点时，蹬地腿蹬地动作结束，浮腿轮着地，两臂前后交替摆动配合

下肢蹬地、收腿、着地，构成完整的弯道滑行技术。

技术要点

两臂动作与腿部动作的协调配合。

错误纠正

两臂动作与腿部动作配合不协调。因此，应进行反复练习，以达到动作的协调。

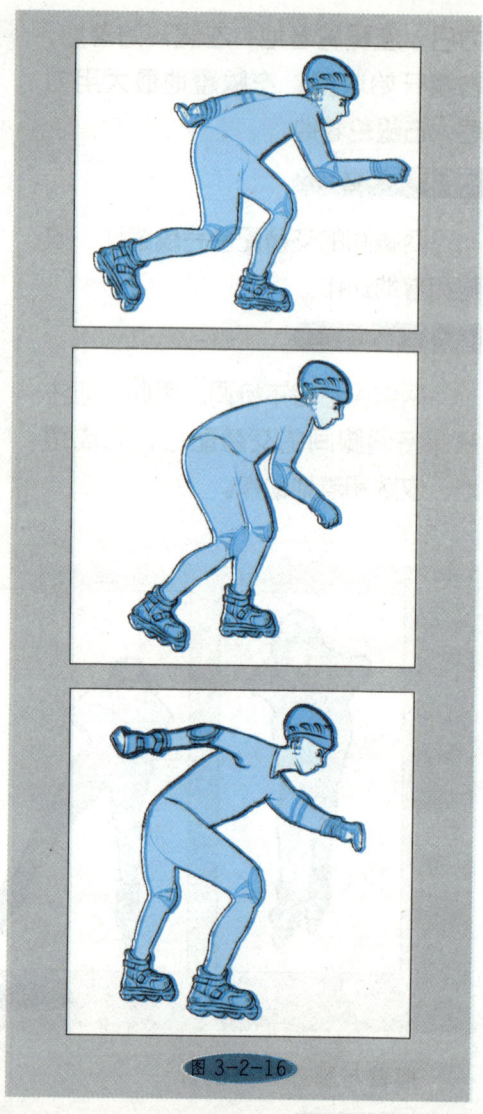

图3-2-16

起跑是速度轮滑运动全程滑跑的组成部分，是获得滑跑速度及发挥战术的重要因素，特别在短距离比赛中更为重要。起跑是使运动员在最短时间内，完成从静止到移动并获得较高速度的过程。起跑的质量直接关系到全程滑跑的速度，较理想的起跑效果应该是起动快，在瞬间能达到较高的速度。

动作方法 见图 3-2-17

（1）运动员参加比赛时，要根据竞赛规则的规定进行起跑。当运动员听到发令员发出"预备"口令时，运动员要滑至起跑线后面，按起跑位置顺序站好，完成预备姿势，两腿开立侧对前进方向，前腿轮位于起跑线后沿并与起跑线呈平行状态；后腿轮位于起跑预备线后，用内侧轮支撑压住地面。

（2）两腿慢慢下蹲呈略屈状态，重心投影点落在两脚之间略偏前的位置，靠近起跑线一侧臂屈肘或自然下垂，异侧臂肩关节外展，适度屈肘，在体侧抬起，保持两脚轮相对静止不动，等待发令员的枪声。

图 3-2-17

技术要点

两腿慢慢下蹲呈略屈状态，保持重心投影点落在两脚之间略偏前的位置。

错误纠正

两腿下蹲过快，重心不稳。因此，应注意保持两腿慢慢下蹲呈略屈状态，保持重心投影点落在两脚之间略偏前的位置。

速度轮滑技术

 启动

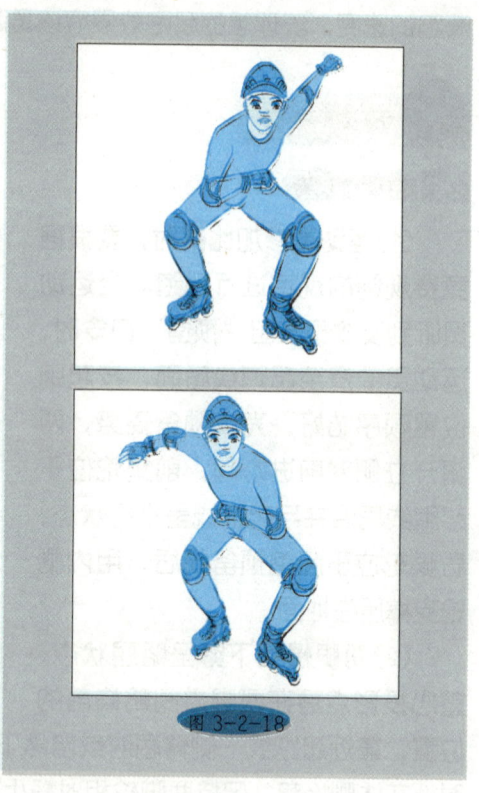

 动作方法 见图3-2-18

以"跨越式"启动为例，当发令员鸣枪后，运动员在起跑预备姿势的基础上，重心向前移动。后腿抬起跨过前脚，前腿用力蹬伸，蹬地腿的同侧臂向前屈肘快速摆动，异侧臂快速向后摆动，完成起跑的启动动作。

技术要点

注意摆臂与两腿动作的配合，保持重心向前移动。

错误纠正

摆臂与两腿动作的配合不协调，重心向前移动速度慢。因此，练习者应注意要保持摆臂动作与腿部动作的协调配合，保持重心向前移动。

图3-2-18

 疾跑

 动作方法 见图3-2-19

"踏切式"疾跑的距离较短，它从起动后的前腿着地动作起，一般要向前跑8步左右。在疾跑过程中两腿连续快速的蹬、收配合两臂的摆动动作，向前跑动。在疾跑过程中要保持两脚轮之间有较大的夹角，以轮前半部先接触地面，过渡到轮中部用力向后蹬地，保持向前

倾斜的身体姿势，以较高的动作频率向前跑动，完成疾跑。

❄ 技术要点

两腿连续快速的蹬、收配合两臂的摆动动作，保持两脚轮之间有较大的夹角，保持身体姿势向前倾斜。

❄ 错误纠正

摆臂与两腿动作的配合不协调，重心向前移动速度慢。因此，练习者应注意要保持摆臂动作与腿部动作的协调配合，保持重心向前移动。

图 3-2-19

 ### 终点冲刺

❄ 动作方法 见图 3-2-20

依据轮滑竞赛规律规定，轮子到终点线，表停，要求轮子不能离开地面，两腿前后分开，前轮触线呈弓箭步。

❄ 技术要点

两腿前后分开，前轮触线呈弓箭步。

❄ 错误纠正

轮子离开地面，两腿没有前后分开。因此，应注意保持轮子不离开地面，两腿前后分开。

图 3-2-20

第三节
花样轮滑技术

轮滑运动在发展过程中，逐渐演变为花样轮滑、速度轮滑和轮滑球三种不同形式的运动项目。花样轮滑规则在 1939 年制定，从此，轮滑走上了真正的竞赛道路。

 轮上站立

为了提高动作质量，必须重视基本技术和基本姿势的训练，提高掌握基本技术和姿势的能力。在基础练习中，上体和两肩臂放松是所有动作练习中的要求。

▼ 寻求平衡

❀ 动作方法 见图 3-3-1

穿好轮滑鞋后，应该手扶栏杆或在同伴扶持下，慢慢站起，使身体重心尽量落在 4 个轮形成的长方形支撑面内，做好站立姿势，然后放开手，逐渐体会身体在滚动轮子时如何维持平衡。

❀ 技术要点

学会控制身体的平衡。

❀ 错误纠正

身体失去平衡、摔倒。因此，应学会保持身体的平衡，防止摔倒。

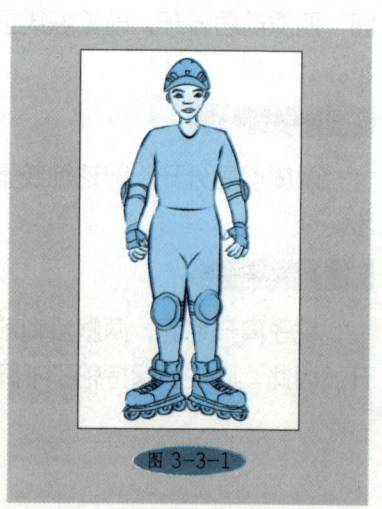

图 3-3-1

原地双足滑动

⚜ **动作方法** 见图 3-3-2

（1）原地站立，双足略分开，重心在两足的脚心位置，上体保持直立，腿略屈，双足开始前后滑动，滑动中重心保持在两腿之间；

（2）滑行稳定之后，重心前移向前双足滑动，然后重心后移到后腿上，双足向后滑动。

⚜ **技术要点**

腿略屈，注意滑行过程中重心的转移。

⚜ **错误纠正**

重心不稳，腿直立。因此，应注意滑行过程中重心的移动，同时要保持腿略屈。

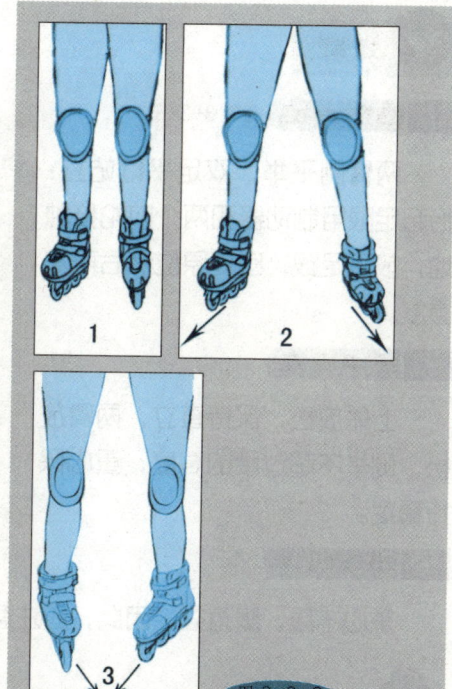

1

2

3

图 3-3-2

 制动轮行走

⚜ **动作方法**

双足提踵，用制动轮与两个前轮接触地面，原地踏步走，浮足抬离地面，稳定后向前和向后行走。

⚜ **技术要点**

用制动轮与两个前轮接触地面。

⚜ **错误纠正**

重心不稳。因此，应注意要保持重心稳定，以免摔倒。

花样轮滑技术

 提踵

🌸 **动作方法** 见图 3-3-3

两臂侧平举，双足平行站立；抬起足跟用制动器和两个前轮接触地，放下足跟，回复原位然后再次重复。

🌸 **技术要点**

上体放松，保持直立，两臂放松，侧举不超过腰的高度，重心保持稳定。

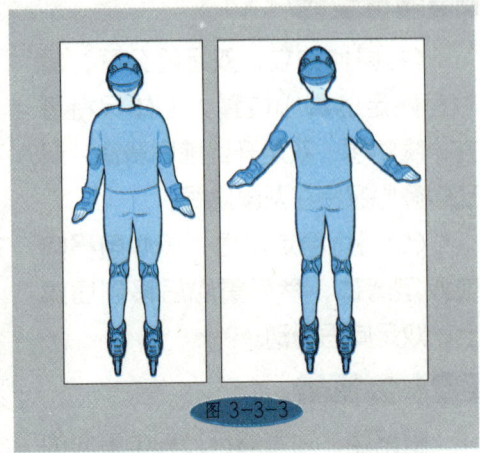

图 3-3-3

🌸 **错误纠正**

重心不稳，腿直立。因此，应注意要保持重心稳定，以免摔倒。

 向前滑行

 前葫芦步

🌸 **动作方法** 见图 3-3-4

（1）双足平行站立，两膝下屈，膝与足尖垂直，两足尖外展；两腿用力向两侧蹬出，产生向前滑行的力量，向前滑弧；

（2）将滑到最大弧线时，足尖内收；足尖内收至两足相距半脚远时，两足压外刃，足跟外展回复呈开始的姿势，重复上述滑行。

图 3-3-4

技术要点

抬头、挺胸，上体放松、直立；两臂放松，侧举不超过腰的高度；滑行平稳、流畅地完成动作，中间没有停顿；重心保持在脚心位置。

错误纠正

动作不准确。因此，应注意向外侧蹬地时，髋与地面始终保持在一个水平高度；将滑至弧顶时，足尖要有预先内收的动作。

前双曲线训练

动作方法 见图 3-3-5

双足平行站立，两臂侧举与腰高；左足蹬地向右滑双足曲线，然后右足蹬地向左滑双足曲线。

技术要点

注意左右脚轮的替换动作，两臂侧举与腰高。

错误纠正

重心不稳。因此，应注意要保持重心稳定，以免摔倒。

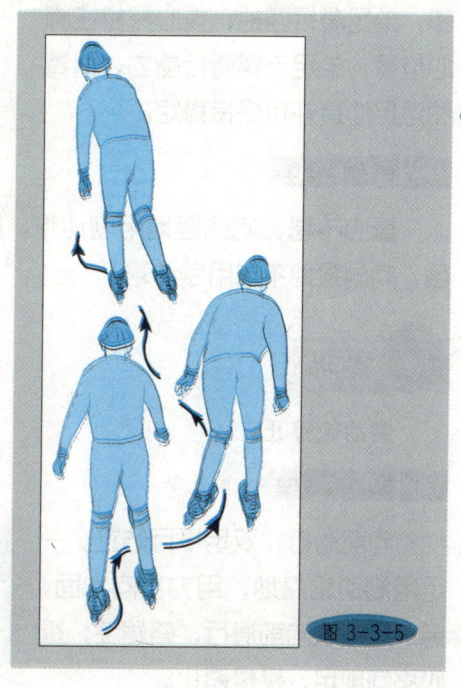

图 3-3-5

单足向前直线滑行

 动作方法 见图 3-3-6

（1）原地站立，双足呈 "V" 形，上体直立，屈膝下蹲，两臂放松侧展；

（2）用右脚内刃蹬地，将重心移向左腿，右腿蹬地抬离地面，变成左单足支撑向前滑进，右腿离地后，放松画圆后摆，膝内转，摆至滑足后方，浮足足尖对前滑足，足跟收腿，在滑足内侧平行落地；

（3）然后用左脚蹬地，右脚滑行，动作相同方向相反。

 技术要点

　　抬头、挺胸，上体直立、放松，两臂放松，侧举不超过腰的高度，向侧蹬地，不能用制动轮。滑行过程中，两臂和浮足应伸直和保持稳定，滑行平稳、流畅的完成动作，单足滑行四拍，重心保持在脚心位置，单足支撑滑行能力，两臂和浮足伸直并且保持稳定。

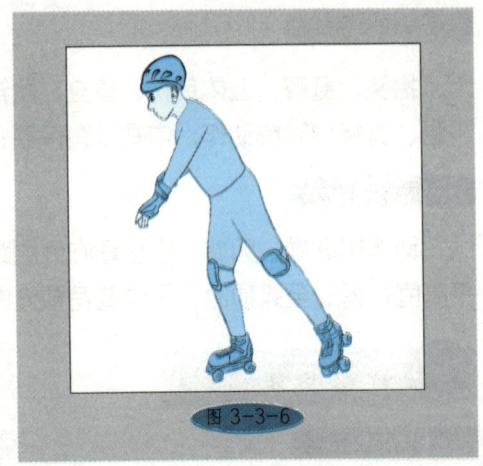

图 3-3-6

　错误纠正

　　重心不稳，向侧蹬地用制动轮。因此，应注意保持重心稳定，以免摔倒，向侧蹬地不能用制动轮。

▼ 停止

制动轮停止

　动作方法　见图 3-3-7

　　向前滑行，双足平行站立。一足用制动轮点地，用力压向地面，另一足继续向前滑行，略屈膝，重心移向前足，慢慢停止。

　技术要点

　　要保持重心稳定。

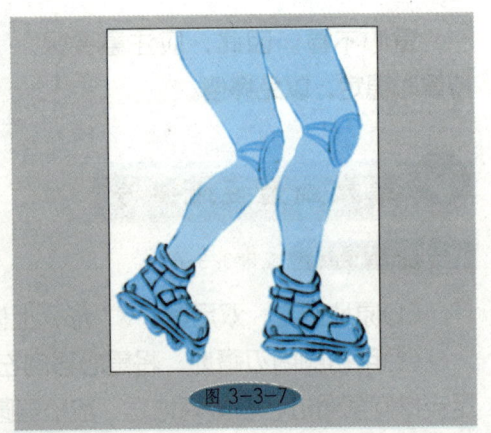

图 3-3-7

　错误纠正

　　重心不稳。因此，应注意保持重心稳定，重心略向前移。

"A" 形停止

动作方法

（1）半梨状停止法，直线前滑获得速度，双足平行站立，然后一只脚的足尖内转，用内刃柔合地压地，屈膝下蹲，重心略向后落，逐渐停止；

（2）双梨状停止法，获得速度后，两足尖同时内转，用内刃压地，屈膝，逐渐停止。

技术要点

快速滑行后，稳定停止。

错误纠正

重心不稳。因此，应注意保持重心稳定，内刃柔和的压地，重心略向后落。

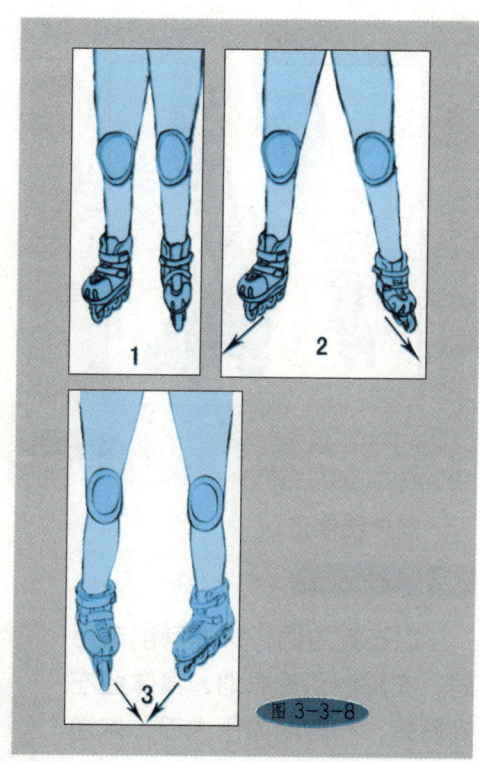

图 3-3-8

"T" 形停止

动作方法 见图 3-3-9

单足向前滑行，浮足在滑足的后跟处呈"T"形，然后将浮足放到地面上，保持"T"形。

技术要点

当轮接触地面时，要柔和地下压，慢慢停止。

错误纠正

重心不稳。因此，应注意保持重心稳定，内刃柔和地压地，慢慢停止。

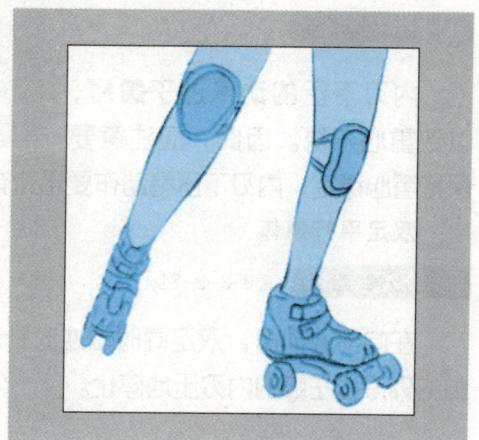

花样轮滑技术

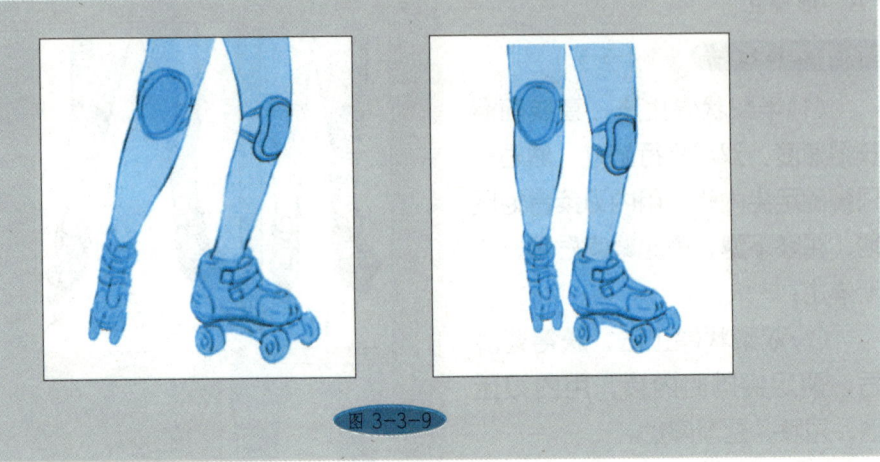

图 3-3-9

规尺状停止

✿ **动作方法** 见图 3-3-10

以左脚为例，快速向前滑行后，左脚制动轮点地，身体经左向后转，右脚用力压内刃，做逆时针转动，呈前规尺状停止。

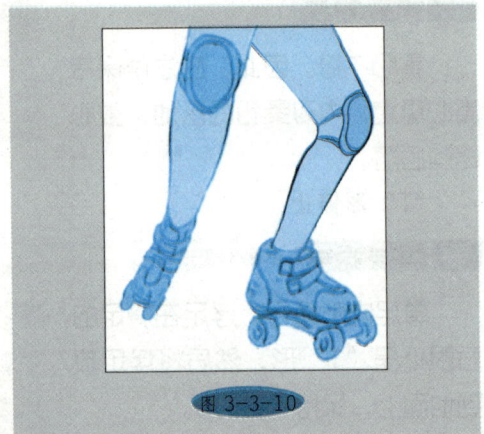

✿ **技术要点**

内刃下压的动作要迅速有力。

✿ **错误纠正**

内刃下压的动作过于缓慢，以致重心不稳。因此，应注意要保持重心稳定，内刃下压得动作要迅速有力。

图 3-3-10

双足平行急停

✿ **动作方法** 见图 3-3-11

在向前滑动时，双足同时做逆时针转动，与滑行方向呈 90 度角，用右脚的外刃和左脚的内刃压地停止。

下压的动作要迅速。

内刃下压的动作过于缓慢，以致重心不稳。因此，应注意保持重心稳定，下压的动作要迅速。

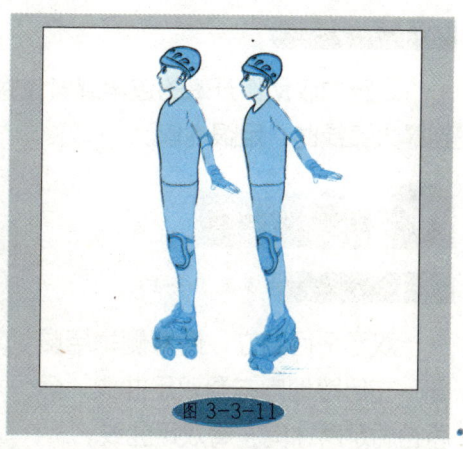

图3-3-11

向后滑行

在掌握向前滑行动作的基础上，掌握向后滑行的基本技术非常重要。

后葫芦步

见图3-3-12

双足平行站立，两膝下屈，膝与足尖垂直，两足跟外展，两腿用力向两侧蹬出，产生向后滑行的力量，向后滑弧，将要滑到最大弧线时，足跟内收，足跟内收至两足相距半脚远时，两足压外刃足跟外展回复到原始动作。

向外侧蹬地时，髋与地面始终保持在一个水平高度，将要滑至弧顶时，足跟要有预先内收的动作。

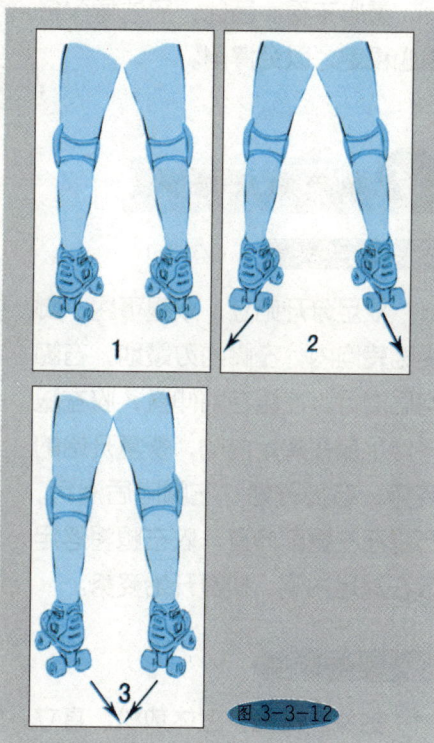

图3-3-12

基本技术

错误纠正

足跟内收动作开始的过早或者过晚。因此，练习者应注意要在将要滑行到最大弧线时，足跟内收。

▼ 后滑双曲线

动作方法 见图3-3-13

双足平行站立，两臂侧举与腰高，左足蹬地向右滑双足曲线，然后右后足蹬冰向左滑双足曲线。

技术要点

左右脚蹬地动作的交替。

错误纠正

重心不稳。因此，应注意保持重心稳定，以免摔倒。

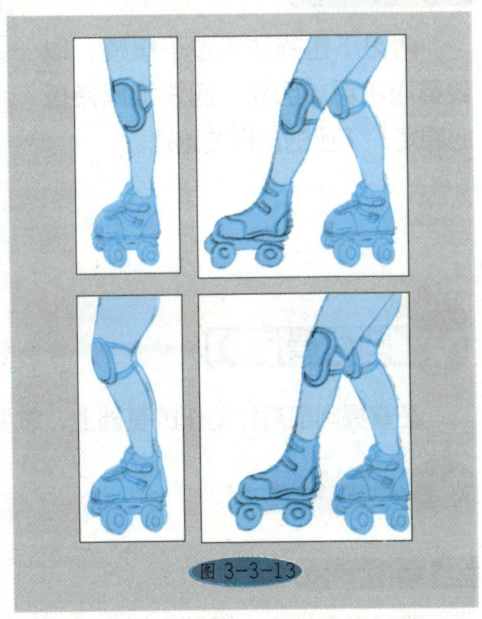

图3-3-13

▼ 单足直线后滑

动作方法 见图3-3-14

双足分开站立，双腿下屈，脚尖略转向内，左脚内刃蹬地，右脚向后滑行，左腿在前伸直，收左腿将浮足放在滑足内侧，恢复开始的姿势，右脚蹬地，左脚向后滑行，右腿在左腿前伸直，收右腿将浮足放在滑足内侧，恢复开始姿势。

图3-3-14

技术要点

抬头、挺胸，上体放松、直立；两臂放松，侧举不超过腰的高度；向侧

蹬地，不能用制动轮或后轮；滑行过程中，两臂和浮足应伸直和保持稳定，滑行平稳、流畅地完成动作，单足滑行四拍；重心保持在脚心位置，单足支撑滑行能力，两臂和浮足伸直并且保持稳定。

❄ 错误纠正

重心不稳，向侧蹬地用制动轮。因此，应注意保持重心稳定，以免摔倒，向侧蹬地不能用制动轮。

▼ 停止

单足停止

❄ 动作方法 见图 3-3-15

向后滑行一足用制动轮点地，向后伸出用力压向地面，另一足继续向后滑行，略屈膝，重心移向滑足，慢慢停止。

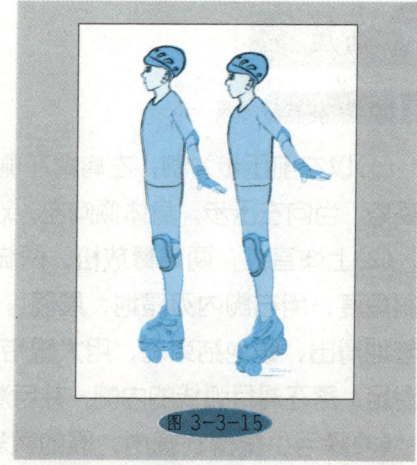

图 3-3-15

❄ 技术要点

要保持重心稳定。

❄ 错误纠正

重心不稳。因此，应注意保持重心稳定，重心移向滑足。

双足停止

❄ 动作方法 见图 3-3-16

向后滑行，双足平行站立，抬起足跟，用两脚的制动轮触地，立即停止。

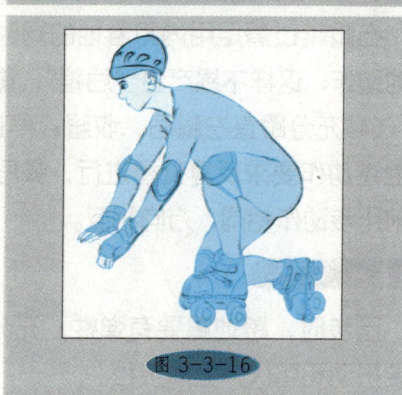

图 3-3-16

❄ 技术要点

同"单足停止"。

错误纠正

同"单足停止"。

压步

压步也称交叉步，它是花样轮滑最基本、最重要的滑行步，是获得速度和改变方向的主要方式。压步的姿势和动作会突出的表现一名轮滑者的滑行风格和滑行基本技术，对技术的要求更严格，用刃要准确，要给予足够的时间和精力去完善这个练习，它会给以后学习的所有动作打下坚实的基础。

动作方法 见图3-3-17

（1）以左前压步为例，左肩臂在侧，右肩臂略在前，身体保持直线滑行的姿势，当向左压步，身体倾向左，沿逆时针方向滑行；

（2）上体直立，两肩臂放松，两脚下屈（90～120度）滑腿，保持足够的倾斜角度，用右脚内刃蹬地，展髋、膝、踝，充分伸直蹬地腿，左腿用外刃着地滑出，蹬地结束后，用大腿带动小腿，沿着所滑弧的半径方向越过左滑足，落在滑行弧线的内侧，并与滑足平行；

（3）踝与小腿倒向圆内，髋的横轴与所滑弧线半径相吻合，髋不要扭转，右腿越过滑足用内刃着地的同时，用左脚外刃蹬地，要有"前送"的蹬地动作，这样不易产生"后蹬"，重心稳定；

（4）充分蹬直左腿后，收腿；再重复用右脚内刃蹬地，滑左脚前外刃，按上述动作要求反复交替进行，最后滑出一个圆形，右前压步完成方法与左前压步动作相同，方向相反。

技术要点

压步时，蹬地腿要有弹性，充分伸直；落脚的位置要正确，髋要正，不要扭动和起伏，上体放松。

重心不稳。因此，应注意保持重心稳定，上体放松，落脚的位置要正确，髋要正，不要扭动和起伏。

图 3-3-17

后压步

动作方法 见图3-3-18

（1）以右后压步为例（逆时针滑行），身体侧倾向圆内，用左脚内刃蹬地，展髋、膝、踝，充分伸直蹬地腿，右脚外刃沿弧线滑行；

（2）蹬地结束后，用大腿带动小腿，沿着所滑圆的半径方向越过滑足，落在滑行弧线的内侧，并与滑足平行，踝与小腿倒向圆内，髋要正，不能有任何扭动，左足跟要内转落刃，双足平齐；

（3）右脚蹬地结束后用大腿带动小腿，跨向圆内，此时也是左脚蹬地的过程，按上述要求反复交替进行，沿大圆滑行。

技术要点

压步时，蹬地腿要有弹性，充分伸直；落脚的位置要正确，髋要正，不要扭动和起伏，上体放松；脚跟向圆心扭转，对着滑行方向落脚；蹬地要柔和，有弹性、有力度。

 基本技术

❋ 错误纠正

重心不稳。因此，应注意保持重心稳定，上体放松，落脚的位置要正确，髋要正，不要扭动和起伏。

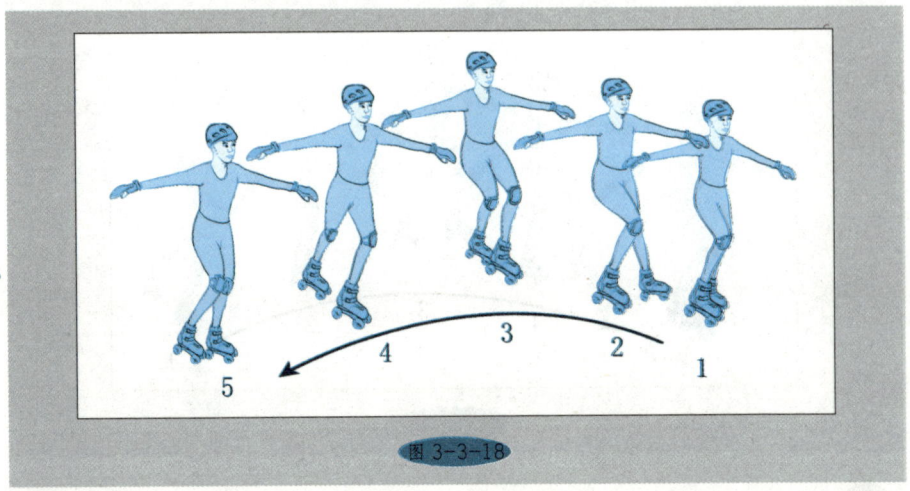

5   4   3   2   1

图 3-3-18

 **四种弧线**

弧线滑行是进入正规训练前的基础练习，此练习的目的是能够正确的掌握沿弧线滑行的平衡技术、姿势变换和四种用刃的技术，掌握了弧线的滑行方法就能非常容易地进入到以后的练习中去。

▼ 前外弧线

❋ 动作方法 见图 3-3-19

运动员按逆时针方向做前压步，或在一定速度后，滑左前外刃，采用左臂在前，右臂和浮足在后开始滑左前外弧线，滑一段弧线后，浮足由后靠近滑足移向前，放在滑线上，左臂移向后，右臂移向

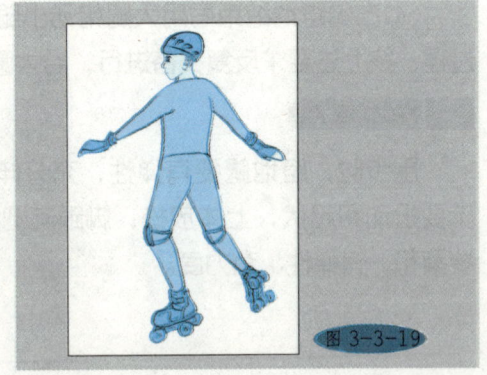

图 3-3-19

前，再继续滑行一段弧线。然后继续绕圆压步，重复上述动作。

 **技术要点**

滑行时姿势要正确，用刃准确；姿势变换时，浮足靠近滑足，两臂靠近身体，肩髋做相反动作。

 **错误纠正**

重心不稳。因此，应注意保持重心稳定。

前内弧线

 **动作方法** 见图3-3-20

（1）顺时针压步之后，双足平行站立，沿弧线滑行，两臂侧展，保持在腰高的位置，两肩放松，然后抬起右脚，放在滑足后的滑线上，脚尖对脚跟，成左前内刃滑行；

（2）滑行一段弧线后（1～4拍），浮足靠近滑足移向前、伸直，足尖略外展，放在滑线上，换右脚练习，逐渐减少压步，最后过渡到一次蹬地滑左前内半圆，换足蹬地滑右前内半圆。

图3-3-20

 **技术要点**

同"前外弧线"。

 **错误纠正**

同"前外弧线"。

 后外弧线

图 3-3-21

动作方法 见图 3-3-21

(1)逆时针压步之后，双足平行站立，沿弧线滑行，两臂侧展，保持在腰高的位置，两肩放松，然后抬起右脚、伸直，放在滑足足尖前的滑线上，足尖略外展，成左后外刃滑行；

(2)滑行一段弧线后，浮足靠近滑足移向后，浮脚尖对滑足脚跟放在滑线上，换右脚练习，逐渐减少压步，最后过渡到一次蹬地滑左后外半圆，换足蹬地滑右后外半圆。

技术要点

滑行时姿势要正确，用刃准确。姿势变换时，浮足靠近滑足，两臂靠近身体，肩髋做相反动作。特别注意后外弧线的结束姿势的正确性和稳定性。后外弧线结束时，应浮髋在前，肩髋做相反用力，保证滑行的稳定性。

错误纠正

重心不稳。因此，应注意要保持重心稳定。

图 3-3-22

后内弧线

动作方法 见图 3-3-22

(1)顺时针压步之后，双足平行站立，沿弧线滑行，两臂侧展，保持在腰高的位置，两肩放松，然后抬起右脚、伸直，放在滑足足尖

前的滑线上，足尖略外展，成左后内刃滑行；

（2）滑行一段弧线后，浮足靠近滑足移向后，浮脚尖对着滑足脚跟放在滑线上，换右脚练习，逐渐减少压步，最后过渡到一次蹬地滑左后内半圆，换足蹬地滑右后内半圆。

技术要点

滑行时姿势要正确，用刃准确。

错误纠正

重心不稳。因此，应注意保持重心稳定。

 前进燕式平衡

前进燕式平衡技术对练习者的要求较高，需要练习者具备较好的基本技术和基本能力。

 直线向前燕式平衡

动作方法 见图3-3-23

在滑行获得一定速度后，以左脚着地直线前滑，膝部略弯曲，两臂侧平举，上体前俯与地面平行，右腿伸直逐渐向后抬起至高于臀部，滑行腿充分伸直，呈燕式姿势滑进。

技术要点

可以先做陆地模仿练习，待燕式平衡姿势基本正确后，再穿轮滑鞋练习。

图3-3-23

错误纠正

支撑腿弯曲，后摆腿弯曲，并且高度不够。因此，应伸直支撑腿，后摆腿伸直，并且高于臀部。

花样轮滑技术

⌄ 前外燕式平衡

 动作方法 见图3-3-24

在做右前外压步获得一定速度后,以右脚外刃向前滑出,右臂在前、左臂在侧后远伸,同时上体前俯与地面平行,左腿伸直逐渐向后抬起至高于臀部后,滑行腿充分伸直,保持燕式姿势做前外刃曲线滑行。

技术要点

保持上体与地面平行,做外刃曲线滑行时保持平衡。

错误纠正

重心不稳。因此,应注意保持重心稳定,上体前俯与地面平行,左腿伸直逐渐向后抬起至高于臀部后,滑行腿充分伸直,保持燕式姿势做前外刃曲线滑行。

图3-3-24

⌄ 前内燕式平衡

 动作方法 见图3-3-25

在做左前外压步获得一定速度后,以右脚内刃向前滑出,左臂在前,右臂在侧,同时上体前俯与地面平行,左腿伸直逐渐向后抬起,至高于臀部后滑行腿充分伸直,保持燕式姿势做前内刃曲线滑行。

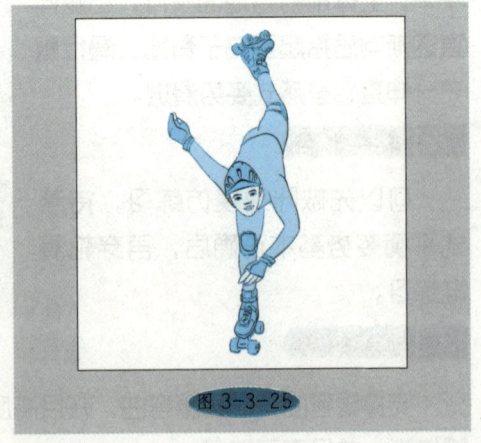

图3-3-25

技术要点

同"前外燕式平衡"。

错误纠正

同"前外燕式平衡"。

第四节

轮滑球技术

　　轮滑球运动，原称旱冰球运动，是近年来在我国刚刚兴起的一项体育运动。目前在我国广州、香港仍称为"溜冰球"，在哈尔滨、长春被称为"旱冰球"，在台湾被称为"溜冰曲棍球"，在国际上英语称为"RINK HOCKEY"或者"ROLLER HOCKEY"。这项运动是队员脚穿轮滑鞋，手持球杆，在一定的规则条件下，把轮滑与打球结合在一起的运动。

滑行

　　滑行技术是指运动员借助滑轮在球场上进行具有高超应变能力的滑行技术。滑行是轮滑球运动中最基本的重要技术，是获得高超球技的关键。滑行技术往往是对称的，在同一技术动作中均有前与后、左与右相同特点。

滑行姿势

动作方法 见图3-4-1

　　双脚开立略同肩宽，膝关节前屈，臀部略有后坐，上体略前倾，形成肩、膝、脚尖基本在一条垂线上，体态呈半蹲坐姿态。双手握球杆置于腹前，球杆弯头部接近地面，抬头前视。

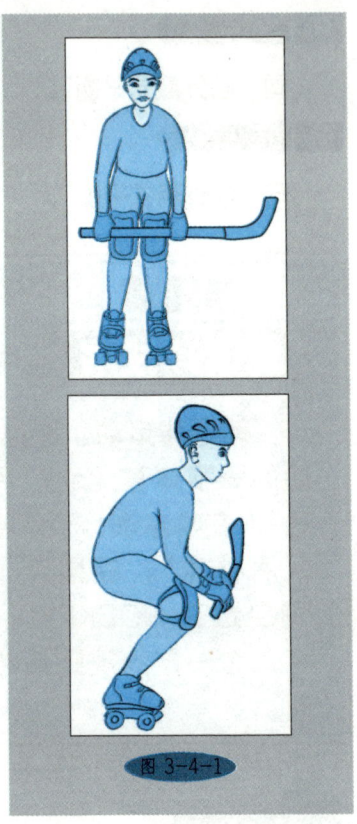

❋ 技术要点

膝关节前屈，上体略前倾，体态呈半蹲式姿态，抬头前视。

❋ 错误纠正

（1）膝关节前屈不够，上体前倾过大。因此，应做基本站立姿势进行变换方向跳；在双脚支撑惯性滑进中，强化动作方法；在慢速滑进中强化动作方法，要求单脚支撑时膝关节弯曲。

（2）双手平握球杆，球杆弯部不接近地面；低头不前视。因此，初学者应注意原地练习，动作顺序由双脚站立位置开始，逐渐向上做，然后是球杆的位置，强调抬头目视前方。

图 3-4-1

◤ 起跑

起跑是队员在静止状态或在慢速滑行中，突然获得高速度的技术动作。包括正向起跑、侧向起跑。

❋ 动作方法  见图 3-4-2

（1）正向起跑。身体重心提起，髋关节与上体向前探出，用轮前制动胶充分接触地面，采用急剧、短促、有力的步法向后蹬地跑 2～3 步，双臂配合腿部动作协调用力摆动，以便增加蹬地力量和维持身体平衡；

（2）侧向起跑。多用于由静止状态启动之时。肩向起跑方向，身体侧立，外侧脚蹬地，侧身上体探向起跑方向。外侧脚足跟提起，用轮前制动胶充分接触地面向外侧蹬地

图 3-4-2

后，大腿带动小腿积极向前进方向摆动，同时带动上体转向前进方向，然后双脚交替用轮前制动胶向后急剧用力蹬地 2～3 步，双手握球杆协调摆动配合腿部起跑动作。

 技术要点

双臂与腿部动作的协调配合，保持身体重心稳定。

错误纠正

（1）身体重心无法提起。因此，练习者应注意可以手扶围栏做原地用制动胶向后蹬地踏步练习。

（2）上体不向起跑方向探出。因此，应注意原地或在慢速滑行中，听信号做起跑练习。

（3）起跑步幅过大，不够短促有力；两臂摆动无力、不充分；低头不前视。因此，应注意可进行用前轮与制动胶支撑做直立行走练习，由静止开始用制动胶做向前连续跑的练习，由静止开始用制动胶起跑 2～3 步接惯性练习。

直线滑行

动作方法 见图 3-4-3

（1）向前直线滑行：两脚不断交替做侧向蹬地动作而实现向前滑行并获得速度。在滑进时，队员要保持滑行基本姿势，如果队员左脚支撑身体重心，右脚以髋为轴，大腿带动小腿向支撑腿收拢的同时，支撑腿左脚开始做侧蹬动作，将身体重心蹬向右侧。左脚侧蹬动作是左脚充分利用身体重心压住滑轮，向侧略偏后方向用力蹬地。侧蹬用力过程为，首先展开髋关节，再展开膝关节，最后展开踝

图 3-4-3

轮滑球技术

关节。左脚侧蹬以左腿充分展开伸直，左脚前内轮离开地面时为左腿侧蹬结束，完成一次单步滑行动作。左腿侧蹬结束，这时右腿支撑身体重心，左腿向支撑的右腿收拢并在右脚近旁着地，逐渐支撑身体重心，然后是右腿做侧蹬动作，当右腿侧蹬结束时即完成一个复步的滑行。

（2）直线倒滑。倒滑就是背向前进，在竞赛中虽不多用，但在退守阻截对方进攻、防守时是必须用的滑行技术。

倒滑开始时，双脚开立支撑身体重心，用左脚蹬地前身体重心必须压在左脚上，在侧蹬时仍以髋、膝、踝关节的顺序依次伸展，侧蹬以最后踝关节伸展，在脚前轮离开地面结束单步侧蹬动作。左脚侧蹬结束收腿的同时便是右脚侧蹬的开始，双脚交替向前侧方画弧蹬地实现倒滑。

技术要点

（1）在直线滑行过程中，身体重心靠住支撑腿做侧蹬动作是至关重要的，即利用体重侧蹬，是获得向前滑行速度的主要来源，在滑进中充分、有力、协调摆动双臂，抬头前看，是不可忽视的环节；

（2）直线倒滑时，上体比滑行基本姿势略抬起，臀部有明显后坐，双脚开立略大于肩宽。在滑行中双脚支撑身体重心的时间较长，滑进动力主要来源于用单脚滑轮向前侧方画弧蹬地。

错误纠正

侧蹬腿支撑身体重心不充分，没有利用体重侧蹬。因此，应注意保持身体重心稳定。

侧蹬前腿部屈度不够，形成直腿滑行；侧蹬开始时，足跟没有压住后轮；侧蹬结束前踝关节没有充分伸展，利用前轮扒地动作不够；在倒滑时臀部后坐不够，低头不前视。因此，应注意动作准确，姿势正确。

转弯滑行

转弯滑行在竞赛中是常见的滑行技术，是改变滑行方向的技术动作，只有熟练地掌握转弯技术动作，才能实现队员在竞赛时的机动灵活。转弯滑行技术主要分为惯性转弯和压步转弯两种。

惯性转弯

队员在滑行中已具备一定的初速度运动状态基础上，利用身体重心向一侧倾斜滑行所做出的转弯动作。

动作方法 见图3-4-4

（1）在双脚支撑惯性转弯滑行时，身体重心向圆心方向倾倒，头主动向内转动的同时，带动肩背向内转，内侧应对着圆心方向，臀部有明显的后坐和向内倾斜，内侧脚在前，外侧脚在后，双脚略有前后拉开；

（2）双脚轮滑应沿着圆弧切线方向滑进并不得离开地面，转弯时用双脚尖向内向外扭动和身体重心的倾斜度来调整半径的大小；

（3）此动作可做小半径转弯动作，即急转弯，转弯时动作突然、迅速，是队员在竞赛中躲闪、插入、过人，实施假动作的基础。

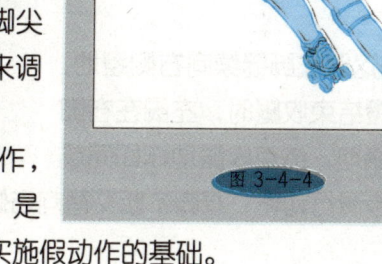

图3-4-4

技术要点

惯性转弯时间不可持久，往往在转弯后同起跑动作结合运用，动作要突然、迅速，保持身体重心的稳定。

错误纠正

身体重心向圆内倾斜不够，或重心不敢向圆内倾斜；轮滑鞋未按圆的切线方向滑进，产生滑进中的制动作用。因此，应注意保持向圆内倾斜的足够角度，同时轮滑鞋按照圆的切线方向滑进。

压步转弯

压步转弯是一种持久性的转弯技术，在转弯时还可以加速。压步转弯动作滑进方向自如莫测，可随时做出向左向右的转弯动作，是队员在运球时常采用的滑行技术。

动作方法 见图3-4-5

（1）以向左转弯为例，左肩对向圆心，当左脚支撑平衡，右脚侧蹬结束时，右腿开始收拢，以髋为轴大腿带动小腿，膝关节领先做前交叉步，右脚绕过左脚在左脚侧前着地，即完成右腿单步收腿结束动作；

图 3-4-5

（2）这时左脚继续向右侧蹬地，左脚侧蹬结束收腿时，左脚在右脚左侧前着地，结束收腿动作即完成左脚单步滑行动作，双脚不断交替向右侧蹬地，实现向左压步转弯滑行。

技术要点

（1）在转弯时，身体重心向圆心方向倾斜，保持身体重心平衡，同时要注意左右脚动作的协调配合；

（2）倒滑压步转弯技术动作要点及结构同向前转弯滑行主要差别在于侧蹬用力方向上，向前转弯做侧蹬动作而倒滑转弯则做向人体前侧方画弧侧蹬动作。

错误纠正

在向左压步转弯时，左脚没有向右做侧蹬动作。因此，练习者应熟知技术动作的基本方法，向左压步转弯时，左脚要向右做侧蹬动作。

 **转身滑行**

转身滑行是队员滑进方向不变，人体由向前滑变为倒滑（或由倒滑变为

向前滑)之间的一个衔接动作。转身滑行同转弯滑行虽然都可以达到转变队员滑进方向的目的，但它们之间有着本质的区别。转弯滑行队员身体重心沿着一定半径运动，而转身滑行则按队员自身纵轴转动 180 度，身体重心始终保持直线运动。转身滑行可分为平稳转身和提起重心转身两种。

平稳转身

动作方法

以前滑转为倒滑为例，转身前身体姿势略直立，由左(右)脚支撑身体重心，右(左)脚略提起并外转 180 度着地的同时支撑身体重心，左(右)脚提起随同转动 180 度放到右(左)脚近旁，在左(右)脚转动时带动身体同步转动完成正滑变倒滑的转身动作。

技术要点

左右脚动作的协调配合，保持身体的重心稳定。

错误纠正

左右脚动作不协调，导致身体失去平衡。因此，练习者应熟知基本技术的动作方法、左右脚动作的协调配合，保持身体重心的稳定。

提起重心转身

动作方法

转身前预备姿势略低，双脚支撑平稳滑进，转身时双脚同时用力向下，使身体重心提起的同时沿人体纵轴转 180 度，转身后双脚着地略下蹲缓冲，维持身体平衡。

技术要点

充分做好转身前与转身后惯性滑进时的预备姿势与姿势调整；转身时要保持人体良好的稳定性。

错误纠正

转身后着地脚未能按 180 度转动，失掉身体重心而摔倒。因此，应注意转身过程是在惯性滑进中，人体重心运动方向保持直线运动，

轮滑球技术

 跳跃

在滑行基本技术中跳跃虽不是主要技术动作，但在竞赛实践中是不可缺少的，用它可以躲闪来自对方的阻截动作，越过场地上的障碍等。

动作方法

（1）跨步跳跃。一脚用轮前制动胶向后蹬地，另一脚向前跨出，两臂上摆胸腹展开，跨出脚要用前轮与制动胶同时着地并缓冲身体重心。

（2）蹲踞跳跃。做双脚着地略下蹲的预备姿势，跳跃时双脚用力蹬地使身体猛然向上提起腾空，腾空飞跃时双腿要保持一定的屈度，双脚同时着地下降重心缓冲。

技术要点

保持跳跃时两臂和上体的协调配合，保持身体的重心稳定。

错误纠正

（1）在起跳时，摆动腿不向起跳方向充分摆动。因此，应注意充分摆动。

（2）跳跃后着地脚未在身体重心之下，往往偏前导致摔倒；跳跃时两臂或上体不配合。因此，应保持跳跃时两臂和上体的协调配合。

 急停

急停是在运动竞赛中最有效的停止方法，适用于在高速滑行中突然停止，并在停止后能连贯的衔接侧向起跑动作，重新起跑。

动作方法 见图3-4-6

保持滑行基本姿势，两脚着地惯性前进，提起重心的同时身体沿纵轴左（右）转动90度，双脚向前进方向伸出，呈右（左）肩对前进方向，身体重心向反方向倾倒，双脚滑轮垂直前进方向摩擦地面制动。为了增强身体在急停时的稳定，右（左）腿应充分伸向前进方向，两脚齐向后拉开一些距离。

技术要点

保证双脚的转动达到90度，保持身体重心的稳定。

错误纠正

急停时，双脚转动不足90度；外侧腿伸出不够，身体不稳定；身体重心不向反方向倾倒。因此，应注意动作的准确度，保证动作协调完整。

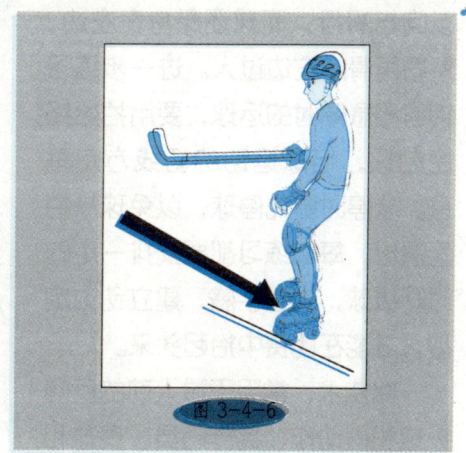

图3-4-6

一名优秀的轮滑选手，不但要熟练地掌握滑行技术，而且要熟练、全面地掌握运球、过人、传接球、射门等技术。

拨球

动作方法 见图3-4-7

初学时，在滑行的基本站立姿势上原地拨球，目视前方，余光看球。两手握力适度，上下手距离大约在10～25厘米，位于腹前，肩和上臂肌肉放

松，协调用力。通过腕的翻转拨球，用拍面将球控制住。要练习短拨、长拨、8字拨、对角线拨，以及体侧、前、左、右拨球。每个练习休息时间都可在原地拨球。原地拨球熟练后，练习正滑拨球，注意拨球方向要同滑行方向协调一致，即向右滑行时向右拨，以加快运球速度。但在过人假动作的刹那，可以向右滑行，而球还保持在左边，然后再滑向左边过人。进一步练习转弯和急停时的运球，要用拍始终控制球，与球运动的切线方向垂直。急停时要先停球，以免球从拍面滑出，每次练习都要安排一定的时间拨球，加强手感，建立动力定型，才能在比赛中抬起头来。

图 3-4-7

此技术，常用于过人前的反向拨球和假动作、晃守门员、传球和假动作射门。

技术要点

保证运球的协调性和速度，加强手感，动作灵活自如。

错误纠正

在向左滑时向右拨球；低头看球；手腕不翻转，不柔和；上手持拍放于体侧，限制动作的灵活性，特别是给反拍传、射球造成困难。因此，应注意练习者要保证运球的协调性和速度，抬头看球，手腕柔和翻转，动作灵活自如。

推球

动作方法

（1）单手推球将球拉到体侧，用上手握拍运球加速，拍面控制住球时，如果运行距离较长，腕关节旋外，使拍面与轮滑球运动方向垂直推球；

（2）在准备传球、射门时变双手握拍，推球将球置于下手一侧。

技术要点

当前方无人，就将球轻推出，然后加速追上。当运球队员前方无人阻截时，用最快的运球方法推球，便于加速。

错误纠正

用力太大，将球推出太远，失去控制。因此，应注意掌握好运球的力量和速度。

拉拍过人

动作方法

先往反向拨球，然后将球拉到上手一侧单手运球。身体位于防守队员和球之间保护球。同时，侧滑大步或压步，使自己远离对方，防止冲撞。然后向回急转加压步绕过对方。过人后，用双手控球，以便传球和射门。

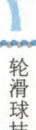

技术要点

当对方距离自己较远时，拉拍过人动作幅度大，容易绕过。

错误纠正

拉拍时没加速，手脚配合不协调。因此，应注意保持手和脚的协调配合，拉拍时要加速。

倒滑运球

动作方法 见图 3-4-8

上体直立，抬头，用余光看球，运球时手腕翻转，用拍面向左、右侧方向拨球或拉拍。倒滑拨球次数应少于正滑拨球，以减少失误。

轮滑球技术

技术要点

可用单手或双手两种方法握拍，这取决于对方离自己远近和倒滑方向。反应灵敏，手腕灵活，保证拨球的质量。

错误纠正

不是向后左右拨、拉球，而是平行左右拨球。因此，应注意熟知倒滑运球的基本技术，向后左右拨、拉球。

图 3-4-8

假动作

轮滑球和球杆假动作

 见图 3-4-9

用轮滑球作为诱饵，先将球拨于一侧，欺骗对方上去抢球，然后迅速将球拉到另一侧，同时加速绕过对方。如果对方又随球移动过来，可将球从其两腿之间透过，再绕过对方夺回球。

图 3-4-9

技术要点

在过人和晃门时常用轮滑球和球拍做假动作。

错误纠正

球开始没有放在体前，而放在体侧，不便做假动作或没有直接面对防守队员运球，只能从一侧强行突破，不利于做假动作。因此，应注意球放在体前且直接面对防守队员运球。

时间差假动作

动作方法

用 3/4 的滑行速度接近防守队员。当距其两米左右的时候，突然向一侧拨球，并全速滑行绕过对方。

技术要点

这种方法用来绕过静止站立或滑行速度慢的防守队员。

错误纠正

接近防守队员的速度太快，使对方提前加速退守。因此，应用 3/4 的滑行速度接近防守队员。

急停、启动假动作

动作方法

当防守队员随后穷追猛抢打时，运球队员先向一侧加速运球。当对方逼近时，突然急停或急转，改变方向，并立即起跑、加速来摆脱防守。

技术要点

运球队员被对方逼迫至界墙附近时，用这种假动作免于阻截，是前锋必备的技术。

错误纠正

（1）急停太早，对方没有跟过来，结果停、转后正好同对方相遇。因此，练习者应注意当对方逼近的时候再急停。

（2）急停后不起跑、加速，被对方纠缠住。因此，应注意急停后，要迅速起跑、加速，摆脱对方纠缠。

射门假动作

 **动作方法**

运球队员进入拉布线后，略减速。当离开对方 3～4 米时，将拍向后上举起，做射门假动作。当对方减速封挡时，立即拉拍，运球绕过对方。

技术要点

运球队员进入拉布线后，略减速，遇到对方封挡时，运球绕过，具有灵敏的反应。

错误纠正

动作不够迅速。因此，应注意保持反应的灵敏性。

身体假动作

动作方法

运球队员全速滑向对方，距离对方两米处时，上体突然向一侧倾斜（球仍在原来一侧），给对方的感觉要从这一侧过人，并向这侧移动，即使头摆动一下，也能引起对方过早行动，更加容易绕过。

技术要点

动作要快，反应灵敏，迷惑对方球员。

错误纠正

提前做出假动作；假动作慢，对方容易识破。因此，应注意适时地做假动作，假动作干净利落完成。

传接球

传接球是完成进攻战术配合的主要手段，只有快速、灵活、准确、熟练的传接球，才能有效地完成进攻战术配合。

正拍传球（扫传）

动作方法 见图 3-4-10

先抬头看人，确定传球目标，用拍面中部扣住球，肩对目标传球，球从

基本技术

外侧脚前扫至内侧脚，重心也从外侧脚直至内侧脚。球从拍中部转至拍前部，指向接球队员球拍传出。若胸对目标传球，是因为同伴在前方，先把球拨到体侧，用上手向后拉，下手前推将球传出。

图 3-4-10

❄ **技术要点**

反应灵敏，时刻确定传球目标，先把球拨到体侧，用上手向后拉，下手前推将球传出。

❄ **错误纠正**

不抬头看同伴球拍。因此，应注意配合，抬头看同伴球拍。

反拍传球

❄ **动作方法**

握拍的上手放在体前，将球拨到反拍。传球时，两手相向移动，用腕力，使球旋转离拍，避免过多转体。

❄ **技术要点**

反拍传球多的队，其控球和进攻能力优秀，这是因为传球技术全面，能增加传球的机会和成功率。

(1)上手放在体侧，因此必须转体用力，不能向斜前方传，只能横传。因此，应注意保持将上手放在体前。

(2)遇到反拍传球，没有马上传出，而调到正拍传，错过了传球时机。因此，应注意加强反拍传球练习。

弹传

动作方法

弹传时，重心落在哪只脚上都可以，一般是落在离球近的脚上。球拍先向后预摆大约 10～30 厘米，置于球的后方，然后用急促的抖腕，使拍面击球，球顺拍转出，传到同伴拍面上。如果传空中球，就更应该注意球的旋转，用力不便太大，使球飞行距接球人 2/3 距离就应落地。

技术要点

弹传是一种快速有力地传球方法。在紧逼和混战中，可用来传给离对方不远的同队队员，以及长传。为解除门前危险，可以用弹传造成死球。

错误纠正

(1)直接用力击球，没有使球旋转，因此球翻滚离地面飞行，不易接。因此，应用急促的抖腕，使拍面击球，球顺拍转出，传到同伴拍面上。

(2)拍举起太高，延误时间。因此，应控制好拍的高度，缩短准备时间。

传腾空球

动作方法

将球置于身体侧前方或前方，使用腕力向前方挥动球拍。拍面向后翻起，拍面中部接触球心近点下部，球转至拍前部腾空飞行。

技术要点

(1)二打一时，将球从对方拍上传给同伴；

(2)用力要准确，使球超过障碍就落地滑向接球队员，反拍传腾空球比正拍更容易。

直接将球挑起，落地后乱跳，不易接；拍面向后翻起，拍面中部接触球心近点下部，球转至拍前部腾空飞行；球飞行距离太长，甚至到同伴拍处还没有落下。因此，应注意控制好落球点。

挑球

❀ 动作方法

球放体前，重心落于后脚，用拍面触球。两臂向上用力，快翻手腕。重心移向前脚，顺势向上挥拍，将球挑起，指向目标。后拍挑球时球从后脚挑起，比正拍更容易。

❀ 技术要点

后卫防止对方断球，将球挑起飞出守区。

❀ 错误纠正

没有快翻手腕，球无法挑起。因此，应注意快翻手腕。

后留球

❀ 动作方法

控球队员滑向防守队员，距其两米左右，将球放在体侧，跟进队员接球，留球后应挡住对方，给同伴接球创造条件。

❀ 技术要点

交叉二打一时，用后留跟进打门。

❀ 错误纠正

没有把球放在身后，而扫向跟进队员，使同伴判断错误而传出。因此，应将球放在体侧，跟进队员接球。留球后应挡住对方，给同伴接球创造条件。

利用界墙传球

❀ 动作方法

利用界墙传球可以用拉传、弹传，要根据传接球队员之间的距离和中间防守队员的位置，选择好传向界墙的角度。重要的一点是从一定角度传向界

墙的球将以同一角度反弹出，必须掌握好。

后卫和前锋常利用界墙传球出守区。边锋在攻区拉布线受阻后，顺界墙打入攻区，另一边锋到门后接应。

错误纠正

传向界墙角度小，造成比赛延误，角度大易被对方断截。因此，应掌握好利用界墙传接球的角度。

正拍接球

动作方法 见图 3-4-11

（1）接球前，两手适力紧握球拍，两肩放松，拍面平放在地面上，抬头看准来球的方向、速度，以便更好地接球，还要观察同伴的位置和对方球门的漏洞，以便接球后马上传出和射门；

（2）接球时，如在原地接，拍面与来球方向垂直，将拍面向来球方向伸出，接触球后，手腕用力使拍面控制住轮滑球，并缓冲以防弹出；如滑动中接球，拍面与来球方向呈一定角度，使球顺移动方向运行；如果传球落后，需急停接球；如传到脚下，要转体调整位置接；如传的离身体较远，可将拍伸出，上体前倾，屈膝弓步接球。

图 3-4-11

强化观察能力，掌握好接球时的手腕力度，调整身体姿势接球。

拍面没有伸出缓冲，接球不稳，因此，拍面伸出接球后缓冲；接球前没有看场上情况，接球后处理球迟缓，因此，应注意接球前，抬头看准来球的方向、速度。

反拍接球

双手握杆，拍面与传球方向垂直，球接触拍时，手要握紧并用拍面控制住轮滑球，用腕力缓冲。

掌握好接球时的手腕力度，需要头脑冷静判断、反应敏捷。

用拍面尖部弯曲部位接球，使球向前弹出失去控制。因此，拍面应与传球方向垂直，球接触拍时，手要握紧并用拍面控制住轮滑球，用腕力缓冲。

用拍柄接球

见图 3-4-12

当球传到前方较远时，可向前伸杆，上体前倾，屈膝弓步下蹲，用拍柄接球，然后站起控制住球。

图 3-4-12

强化观察能力，适当调整身体姿势，掌握好接球时机。

伸杆时机不准。因此，应适时调整身体姿势。

接腾空球

 见图 3-4-13

（1）接离身体较近的腾空球时，用手指接触球，以便缓冲，防止击痛，使球反弹到地面，再用拍控制住避免用手掌接，以免打痛和弹太远失控。也不要握住球，否则会被判罚。

（2）当球传到离身体较远处时，可用拍面或拍柄将球截落在地面上，然后控制住。但如球飞过肩高，则不准用拍接，否则举拍过肩，比赛停止，重新争球，有时也可用身体和护腿挡住对方的高传球和射门。

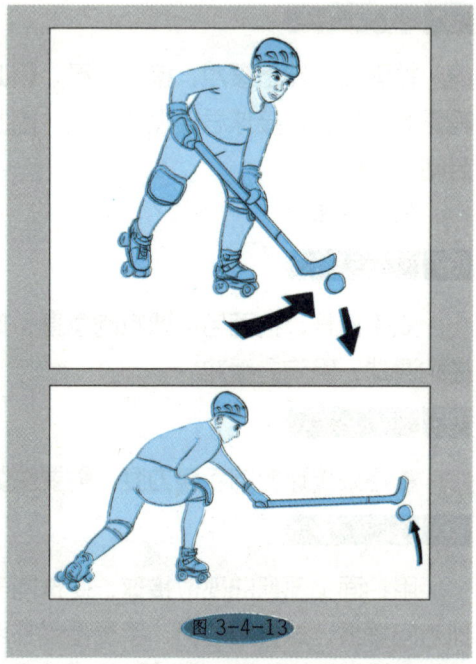

图 3-4-13

技术要点

具有良好的判断能力和控球能力，反应灵敏，掌握好接球时的缓冲技术。

错误纠正

用手掌接球；用手握球；举拍过肩接球。因此，应纠正动作。

射门

扫射

动作方法 见图 3-4-14

肩对目标射门，将球拨到脚下前方，用拍面后半部控制住球，两手适力握住球拍，凭手对球的重量感控制球。目视球门，寻找机会，一旦起拍就要顺地面扫球。同时后腿蹬地，使重心移至前脚。球扫过前脚，顺势挥拍，指向目标，下手腕旋内，使球从拍面后半部转至拍前部离拍飞出。如起射高球，下手向上翻腕；如射低球，则向下扣腕，使拍前部顺地面向下扣。胸对目标射门，先把球拨到体侧，上手迅速用力后拉，下手向前推，使拍转动射球。

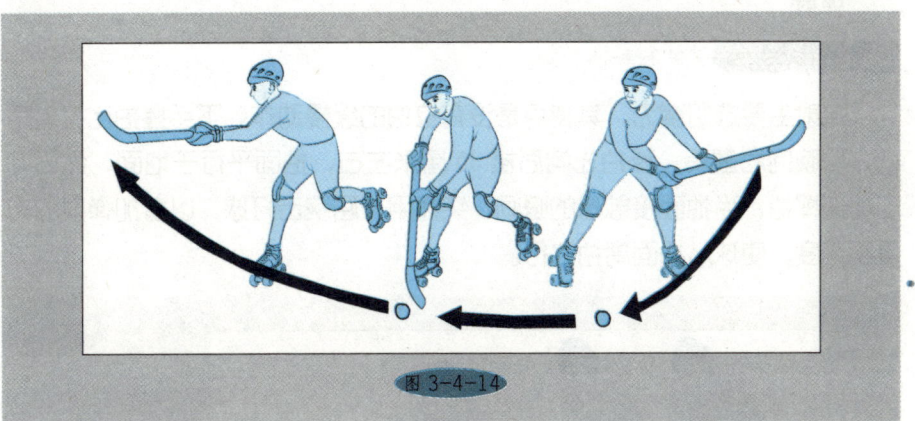

图 3-4-14

❋ **技术要点**

具有良好的控球能力，保持重心稳定。

❋ **错误纠正**

（1）眼盯住球，不看球门，盲目射出。因此，练习者应注意要保持目视球门，寻找机会。

（2）后腿不蹬地，不移动重心，射门无力；对目标射门时，上手开始离身体太近，限制动作。因此，应注意后腿蹬地，移动重心，发力射门；上手远离身体。

反拍射门

❋ **动作方法**

开始将球拨至后脚，重心落于后脚上，用反拍将球控制住。射门时，后脚蹬地，重心前移，腰部转动，两手用力向前击打球，身体协调用力，顺势挥拍，向下翻腕，使球顺地面离拍飞出。

❋ **技术要点**

同"扫射"。

射门时重心不稳。因此，应注意身体协调用力。

弹射

❋ **动作方法** 见图 3-4-15

弹射主要选用腕力，其特点是没有拉拍的缓慢动作。下手握拍比拉射略低，两腕向后翻转，球拍先向后摆 30 厘米左右，拍面平行于地面，然后向前加速挥拍，当拍面接触球的瞬间，突然用力屈腕击打球，以增加弹射的力量和速度，使球从拍面离拍飞行。

图 3-4-15

❋ **技术要点**

在对方门前才能突然起拍，也可用来打快拍。弹射是轮滑球得分最多的方法之一，特别是前锋必须熟练掌握。

❋ 错误纠正

（1）弹射时，举拍过高。因此，应注意弹射时向后举拍要适宜。

（2）弹射前，把球拨向前方，而不向身体附近横拨，射门无力。因此，应注意弹射前，把球拨向身体附近，射门有力。

击球

❋ **动作方法** 见图 3-4-16

（1）击球时，将球向前推出，然后看准目标，将拍向后上方举起到肩高，下手向拍下滑动 10～15 厘米，向前挥拍；

（2）两手紧握拍，用拍面后半部击球后方，使球杆变形，产生弹力，将球击出。球从拍面半部触球，重心落到前脚上，前脚旋内制动，使上体继续向前转动，并顺势挥拍，指向目标，将球击出。

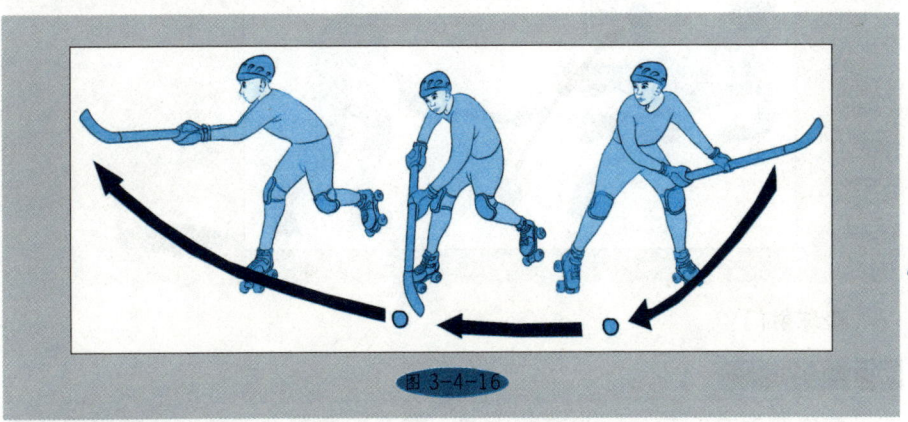

图 3-4-16

❁ 技术要点

击球是最有力量的射门方法，是后卫常用的得分和协助得分的方法。保持重心稳定，掌握较好的控球能力。

❁ 错误纠正

下手握拍不紧，击球无力；向后举拍慢，被对方破坏。因此，应保持下手握拍要紧，发力击球；向后举拍迅速。

挑球射门

❁ 动作方法 见图 3-4-17

挑球射门时，重心始终落在后脚上，而球在前脚附近。两腕突然向上翻转，顺势向上挥拍，使球从对方守门员身上飞进球门。

❁ 技术要点

注意即使守门员被晃过，也要用力挑球，否则守门员会用球拍将球截掉。

❁ 错误纠正

挑球不够用力。因此，应注意挑球的力度。

图 3-4-17

垫球射门

动作方法

前锋在对方门前，后卫在拉布线，有意识地击地面球，让前锋用拍面改变球的方向，使对方守门员判断错误而得分。传球队员要和垫球队员默契配合，做到球到人到才能奏效。击球要准并顺地面，垫球不要太高。

技术要点

后卫击球时，有意击向前锋，前锋用拍改变球的方向，比后卫直接射门命中率高。

错误纠正

过早站在门前伸拍等球，被对方断球；拍面倾斜太大，使球高飞离门。因此，应注意传球队员要和垫球队员默契配合，同时，拍面的倾斜角度要适宜。

直接射门

动作方法

进攻队员判断同伴要向门前传球时，向门前插上，与球在射门点相遇。射门队员先看好守门员的漏洞，选择好目标。射门时，两脚开立，与肩同宽，膝关节弯曲后伸展蹬地，重心从后脚移至前脚。注意看球，用弹射或击球直接射门。射门用力的方向要根据球来的速度和方向而定，球的速度快，分力大，应向对方守门员身上用力，球触拍后合力方向指向门侧空当。

技术要点

掌握好射门的力量和速度，具有较强的观察能力。当球速慢时，可直接向目标用力。

错误纠正

插上过早，被对方看死；不看球门漏洞，盲目射门。因此，应保持传接球时的默契配合，同时，在射门前要先观察。

晃守门员–从远处得分

动作方法

进攻队员从近处逼近球门，做射门假动作，诱使守门员靠近处门柱。然后快速横切到远处，挑球射门得分。

技术要点

适当时机做假动作，掌握好射门的力量和方向。

错误纠正

挑球动作慢，给守门员横躺补救的机会。因此，练习者应注意要保持挑球动作快速、干净、利落完成。

晃守门员–从近处得分

动作方法

运球滑向近处门柱，并做射门假动作，突然横切向远处，做向远处射门的假动作，当对方守门员从近处移向远处时，急停或立即起拍向球门近处射门。

技术要点

反应灵敏，把握好运球的速度、力量和方向。

错误纠正

射球太高，动作慢，易被守门员破坏。因此，应注意要调整好射门角度，快速完成射门动作。

罚任意球

动作方法

从中区争球点运球并保持一定速度，距离球门大约 10 米左右，将球放于体侧，做好射门准备。如守门员缩在门区内，则射门争取得分。如果守门员滑出封角度，就向侧拨球，然后反向横拨射门。

技术要点

反应灵敏，掌握好射门的速度、力量和方向。

错误纠正

没射门假动作，结果守门员不出击，将球拉向门侧，射在守门员身上。因此，应注意练习射门时候要有假动作。

抢截球

用拍抢截球又包括截球、鱼跃截球、勾球。抢截技术的好坏与出击时机、力量、重心、稳定角和勇气有密切关系。

截球

动作方法 见图 3-4-18

(1)目视对方运球队员，用余光看球，单身持拍，屈肘，另一手抬至胸前。当运球队员靠近时，突然用力伸臂，用拍刃截球，如截着球，立即上前争夺球。

图 3-4-18

(2)如果截球失误，马上将拍收回，找机会再截。特别要注意截球时，身体重心不要前倾过大，避免失去平衡，被对方绕过。

技术要点

前锋、后卫、守门员都可用截球来破坏对方的运球。

❄ 错误纠正

截球时重心前倾，截不到球就不能再跟随对方。因此，应注意要做到截球时控制好身体重心，不要前倾过大。

鱼跃截球

❄ 动作方法 见图 3-4-19

当对方绕过防守队员时，防守队员向进攻队员侧前方鱼跃，用球拍把球从对方拍下扫掉，防止进攻队员切入。

图 3-4-19

❄ 技术要点

当对方前锋带球绕过后卫准备进入射门时，后卫可用鱼跃截球救险。

❄ 错误纠正

扫球时将对方绊倒，或击打对方球拍，造成犯规。因此，应注意练习者要控制好挥拍截击的动作幅度，避免犯规。

勾球

❄ 动作方法 见图 3-4-20

当对方准备切入时，防守队员面向对方转体并靠近对方，一条腿蹲下，同时伸拍，把拍面平放在地面上，向内侧扫球，也可向外侧击打。

技术要点

当对方切入时，防守队员从后方或侧方将球勾向自己。

错误纠正

背向对方转体。因此，应注意做到当对方准备切入时，防守队员要面向对方转体。

图 3-4-20

守门员在场上位置非常重要，若想取得比赛胜利，既要注重巧妙进攻争取多得分，又要加强防守尽量少失分，而加强防守的成败关键在守门员。守门员的活动范围、动作姿势、心理压力和责任与其他队员都有很大区别，所以对守门员的要求应该不同于一般队员。

动作方法 见图 3-4-21

防守基本姿势是深蹲距势，双腿并拢，双膝弯曲深蹲，足跟（后轮）抬起，用前轮和足尖制动胶三点着地。上体放松抬起，两臂自然放于体侧，握拍手将球拍立刃横于脚前，手套触底，手背向前，另一挡球手套掌心向前做好挡球姿势，身体重心下落于双足的前部。两目平视，观察场上变化，随时准备用腿、身体、手、足和球拍阻挡来球。

图 3-4-21

技术要点

　　守门员为更好维持身体平衡，应穿守门员专用轮滑鞋（前轮小）。保持重心稳定，观察力强，反应灵敏，做好准备姿势。

错误纠正

　　接球的心理准备没有做好，判断不准确。因此，应随时准备用腿、身体、手、足和球拍阻挡来球，同时保持重心稳定，时刻观察场上的变化。

▼ 门前移动

侧向跳

动作方法　见图 3-4-22

　　以向左侧跳为例，侧向跳对守门员尤为重要，是守好球门的前提。做侧跳时注意身体重心起伏不要太大，不能失去重心。在基本防守姿势的基础上（制动胶和前轮着地），身体重心略上提，右足尖同时用力蹬地跳向左侧，防守姿势不变，落地要稳，每个跳步约为 15 厘米。向右侧跳动作方向相反。

图 3-4-22

技术要点

　　保持身体平衡，重心略向上提，落地姿势要稳。

错误纠正

　　身体失去平衡而摔倒，落地不稳摔倒在地。因此，应注意侧向跳时要保持身体平衡，同时，保持落地要稳。

侧滑

🌀 **动作方法**

以向左滑为例，守门员常常根据场上情况的变化，从球门柱一侧滑向另一侧。基本蹲姿是左足外转，右足尖用力蹬地，左足向左侧滑出，重心由右腿移向左腿上。滑到适当位置，左足回转提踵，用制动胶着地制动，同时右脚迅速收回与左脚并拢呈基本防守姿势，向右滑动作方向相反。

🌀 **技术要点**

在侧滑过程中，保持重心稳定，注意两脚的配合。

🌀 **错误纠正**

侧滑过程中，失去平衡而摔倒，两脚的配合不协调。因此，应注意在侧滑过程中要保持重心稳定，同时，注意两脚的协调配合。

▼ **防守方法**

🌀 **动作方法** 见图 3-4-23

守门员可以利用球拍、脚挡住地面射来的球，也可用手套、腿和身体的各部位封挡住离开地面的球。

🌀 **技术要点**

反应要灵敏，肢体动作要协调。

🌀 **错误纠正**

观察力不强，对球的判断不准确。因此，应注意要具有较好的观察力，做到反应灵敏。

图 3-4-23

基本技术

第五节

伤害及预防

　　轮滑运动是集中速度、力量、技巧于一身的一项表演性运动，特别是初学者由于身体平衡掌握不好、视野窄等原因造成摔倒或者撞人，易发生伤害事故。因此，一定要注意安全。

 安全注意事项 ◆◆◆◆◆◆

　　(1)运动前要认真进行热身练习，轮滑是一项激烈运动，全身肌肉都在活动，如果不做热身，身体突然剧烈运动容易造成肌肉扭伤和拉伤。所以，适当的热身是刺激肌肉、使身体兴奋起来以保护自己的最好方法。

　　(2)运动前要检查轮滑鞋的螺母是否拧紧了，如果螺母松了，就要加固。

　　(3)初学者应在规定范围内练习，或尽可能在人少的地方练习，注意循序渐进。在没有熟练掌握技术的情况下，不可过度追求轮滑速度。

　　(4)运动中摔跤是不可避免的，但要注意自我保护动作。

　　(5)运动中要注意观察周围情况，不可只顾自己低头滑行，以免撞伤他人。

　　(6)患有严重疾病的人(如心脏病、高血压等)，不宜做激烈的轮滑运动。

　自我保护方法 ◆◆◆◆◆◆

　　(1)在滑行过程中，如果向前或向两侧摔倒，要屈膝下蹲，用双手撑地缓冲，减缓摔倒的力量；

　　(2)在滑行过程中，如果向后摔倒，更要屈膝下蹲，降低重心，以使臀部先着地，同时低身团身，避免头部向后磕地；

　　(3)在摔倒的过程中，要避免直臂单手撑地，防止损伤手腕。

轮滑运动损伤的处理

轮滑运动是身体与地面直接接触的项目，所以更可能受到多种伤害，常见的伤害事故及处理轻微的伤害家庭治疗方法如下：

（1）最常见的伤害是擦伤，这种情况在家庭中进行治疗，先将受伤处清洗，然后涂上红药水或者碘酒即可。

对于拉伤的肌肉，可采用热敷疗法，采用这种方法可以促进血液流通，因而能加快受伤部位的机能恢复。方法是将一块热布或一个包上毛巾的装满热水的玻璃瓶放在受伤部位约 15～20 分钟即可。

（2）对于碰伤，可采用冷敷治疗帮助消肿。可将冰块放进聚乙烯口袋做成冰袋，再将冰袋放在湿布或湿毛巾内，敷在碰伤部位约 10 分钟即可。

受伤部位	受伤情况	处　　置
腰扭伤	因腰部用力不当或腰部负荷重量过大引起急性腰扭伤	卧床休息，可采用按摩治疗
踝关节韧带扭伤	落地不稳、地面不平等引起。受伤局部会有疼痛、肿胀、压痛、皮下淤血等症状	可热敷、按摩、理疗或用加板固定踝关节韧带 1～2 周
膝关节侧副韧带损伤	由于膝关节被撞击而发生。受伤部位会有肿胀、压痛、活动障碍等症状	可热敷、按摩、理疗或加压包扎，固定膝关节在略屈位 3～5 天

基本技术